「健康経営」推進ガイドブック

岡田邦夫
特定非営利活動法人
健康経営研究会 理事長

経団連出版

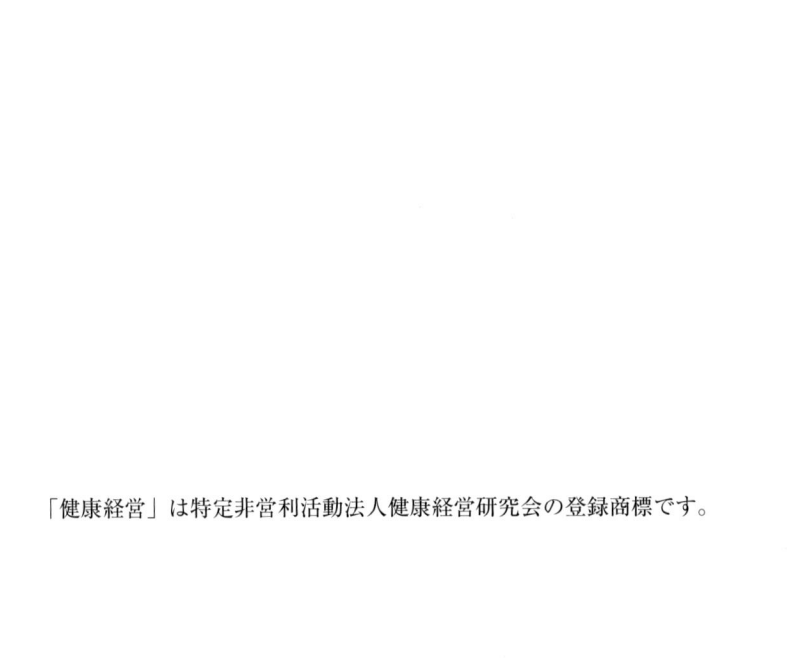

「健康経営」は特定非営利活動法人健康経営研究会の登録商標です。

はじめに

　職場での不安感や心配が心身の疾病の原因となりうることが医学的研究で明らかになり、働く人の心身の健康問題が社会的にも注目されています。精神障害等に係る労災請求件数も増加しており、使用者の安全配慮義務をめぐる労災民事訴訟でも高額な損害賠償請求が認められる判例が見受けられます。このようなことから、経営者には一人ひとりの従業員の健康に配慮し、元気に働けるような職場環境を醸成すること、すなわち働く人の健康に積極的な対応をすることが強く求められています。

　従業員の健康に経営者が先行投資することで、職場の生産性が向上すること、休業率が減少することは、すでに多くの研究でも指摘されているところです。企業は人なり、といわれているように、企業生産力の源はコンピューターやロボットではありません。企業が存続し続けるためには、その基盤に、お互いの健康に配慮する職場環境があるのです。

　また、高齢社会を迎えた今日、従業員の健康に配慮することは、いきいきとしたセカンドライフへとつながります。退職した従業員は、消費意欲の高い顧客の立場で企業を支えたり、地域社会の支え手となることが見込まれます。その結果、地域社会と企業が良好な関係を構築し、連携してお互いを支える関係に変わることも十分考えられます。

*

　経営者が企業利益の創造と働く人の健康増進を両立させることを目的に健康経営を推進し、働く人は自分自身の健康と職場の健康が両立

できるよう自らが働きかけることによって、より高いパフォーマンスが発揮されるようになります。

　そのためには、経営者はまず先行的に効果的な健康投資を行ないます。その結果、生産性の向上が認められたなら、さらに健康投資を進め、一層の生産性の向上をめざすようになることでしょう。また、経営者が働く人と十分なコミュニケーションを取り、職場環境を改善することでも、いままで以上に高い生産性を確保でき、働く人たちもまた、元気で職務に取り組むことが可能となります。

　本書は、「健康経営とはどのようなことか」などの健康経営の基本的な考え方から、具体的な推進方法について述べたものです。経営者、管理監督者、そして働く人の一人ひとりが自分自身の健康に高い関心を持ち、そしてお互いの健康を気遣う職場をつくることが健康経営の実践であり、それが、企業としての活力を維持し続けることにつながることでしょう。

2015年7月
特定非営利活動法人
健康経営研究会理事長
岡田　邦夫

目次

はじめに

1. 健康経営の基本的な考え方 ……………………… 9
利益追求と働きがい／健康経営とは／健康経営推進の重要性／経営者、管理監督者の大きな影響力／健康経営の基本的考え方／不可欠な職場のコミュニケーション／従業員満足がもたらす労働意欲の向上／成熟した社会の構築に向けて

2. 健康経営の3つの柱 ……………………………… 20

[第1の柱]
経営者が進める健康経営―トップダウンで進める戦略構想 … 20
健康経営者としての役割／健康経営事業への展開

Q1. 健康経営とはどのような考え方ですか。……………… 24

Q2. 経営者が自社の健康経営に取り組むポイントを教えてください。………………………………………………… 26

Q3. 経営者の健康経営の表明とはどのようなものですか。…… 28

Q4. 健康経営に係る戦略構想とはどのようなものですか。…… 29

Q5. 健康投資とはどのようなことから始めればよいですか。… 32

Q6. 健康経営推進にあたっての経営者の働きかけやコミュニケーションの留意点にはどのようなものがありますか。… 39

Q7. 経営者は健康経営に取り組むにあたり、どのようなことから着手すればよいでしょうか。……………………… 41

Q8. 事業者と保険者の連携（コラボヘルス）とはどのようなものですか。………………………………………… 43

Q9.健康経営の目的や効果はどのようにとらえたらよいでしょうか。……………………………………………………… 45

[第2の柱]
管理監督者が進める健康経営─職場の快適化………… 49
Q1.管理監督者が健康経営に取り組む際の課題を教えてください。……………………………………………………… 50
Q2.職場環境の改善に向け、どのような配慮が必要ですか。… 52
Q3.職場環境改善に向けた従業員からの提案や要望などは、どのように受け止めたらよいでしょうか。………………… 54
Q4.メンタルヘルスケアにおける「ラインによるケア」とは、どのようなものですか。…………………………………… 56
Q5.メンタルヘルス不調を発症した部下の復職支援は、どのように進めればよいでしょうか。………………………… 60

[第3の柱]
働く人が進める健康経営─自ら築く健康と体力………… 64
Q1.自分自身の健康づくりに取り組むことの大切さとは、なんでしょうか。…………………………………………… 65
Q2.「自己保健義務」とはどのようなことですか。………… 67
Q3.メンタルヘルスケアにおけるセルフケアでは、何をすればよいのでしょうか。…………………………………… 69
Q4.ストレスの気づきはどうすればよいのでしょうか。……… 71
Q5.いつも忙しいので運動ができません。どうすればよいですか。………………………………………………………… 74

3.参考資料

　1.健康経営評価指標（全体像）……………………… 79
　2.健康づくり自己点検表 …………………………… 80
　3.「企業の「健康投資」ガイドブック」……………… 82

コラム

安全配慮義務とはどのようなものか……………………… 18
経営トップの想いと推進担当者の熱意…………………… 36
「健康ソリューション企業」をめざすルネサンス ……… 47
健康情報の取得・管理と個人情報保護の留意点………… 62
国民の健康寿命延伸に向けた健康経営の促進施策……… 76

表紙デザイン──矢部竜二

1．健康経営の基本的な考え方

利益追求と働きがい

　企業の活動は雇用を通じて、働く人の健康と社会に大きく貢献をしています。世界保健機関（WHO）も、「労働は重要であり、また、自尊心（self-esteem）および秩序観念（sense of order）形成の上で大きな心理的役割を演じると指摘されている。そして、それは生存に活力を与え、日・週・月・年の周期的パターンを形成する。失業は、それ自体健康に対して悪い影響を与える。雇用されたことのない人々は、身体的・社会的健康に必要な自立性（identity）や帰属意識（sense of belonging）を労働を通して向上させる機会が全くない。そのような人々は、職場での健康情報を利用できず、労働と健康が相互によりよい方向に影響し合うことに関しても気がつかないであろう。さらに、彼らは自由時間が多いので、時に不安と抑うつが結びついて、就業者よりも酒、タバコ、薬物に溺れやすい[1]」として、労働と健康の相互作用、働くことと働く人の健康との相関について言及しています。

　また、企業が人を育み、人が企業や経営に息吹をもたらすという相関関係が構築されているならば、その企業は「働きがいのある職場」を人に提供しているといえます。そしてその働きがいは、人に生きがいをもたらします。この良好な関係が持続することで企業はサステナビリティ（持続可能性）を得、社会的にも存在価値を高めることにな

1.WHO Technical Report Series 765: Health Promotion for Working Populations, 1988（『労働者の健康増進』高田勗監訳、1989年）

ります。

　近年、企業の社会的責任が重要視されていますが、企業は利益の追求と創造に邁進するだけでなく、働く人々に対しては規則正しい健康的な生活ができるような労働条件を確保しつつ、働きがいを見出せるよう促し、社会に対しては人と環境に配慮した貢献等を通じて、その社会的責任を果たしているのです。

健康経営とは

　社会構造や経済構造が大きく変動し、その変化が働く人の心と体に大きな影響を及ぼすようになりました。特に近年は業務に起因する脳・心臓疾患死やメンタルヘルス対策等に対し、社会的な関心が高まっています。労働自体が働く人の健康障害や労働災害発生などを引き起こすこともあるからであり、これを防止するため、労働安全衛生法を中心に職場における働く人の安全と健康にかかわる法規整が進んできました。

　業務に起因して健康障害が発生した場合、労働災害として申請・認定されたり、損害賠償請求として民事訴訟が提訴されることもあります。仮に、働く人の安全と健康に害を及ぼすような環境や要因を企業が把握しながらそれを放置するならば、健全な企業活動を継続していくうえで大きな障害を引き起こし、また働く人自身に加えその家族、さらには地域などにも影響を及ぼしかねません。

　しかし企業の利益追求と働く人の健康維持を両立させることができれば、企業経営者と労働者がお互いにwin-winの関係を構築することができるはずです。その鍵となる一つが、「健康経営」です。健康経営は、利益を創出するための経営管理と、生産性や創造性向上の源である働く人の心身の健康の両立をめざして、経営の視点から投資を行

ない（健康投資）、企業内事業として起業しその利益を創出することです。そしてそのためには、経営者のみならず、管理監督者、働く人が一丸となって取り組むことが求められます。

健康経営推進の重要性

健康経営を進めることがなぜ重要かについて、中小零細規模の企業を例にとって考えてみましょう。家族や親戚といった身内、あるいは少人数の従業員で成り立っている会社では、だれか一人でも病気になると経営が成り立たなくなったり、時に事業継続ができなくなるかもしれないというリスクを負っています。そのような職場においては、お互いに体調を気遣い、元気で仕事ができるようにしなければなりません。これは、何百人、何千人もの従業員を雇用している大規模企業も同様で、経営者は企業規模にかかわらず、従業員一人ひとりの人生に思いを馳せ、一人たりとも病気にならず元気に働き続けられるよう考えていくことが必要です。

図表1　労働の「量・質」と健康障害

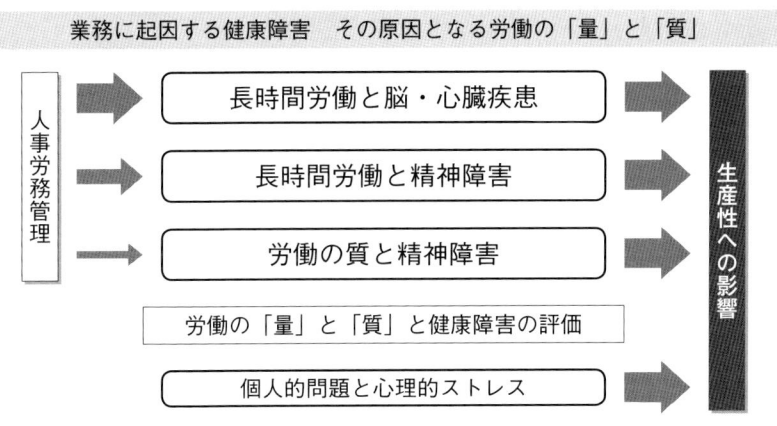

しかし、グローバル化、情報化、サービス産業化、市場競争の激化等、さまざまな社会・経済環境の変化等を背景に労働の量や質が変化し、長時間労働による疲労蓄積や業務上の過重負荷を引き起こすなど、働く人の健康に好ましくない影響を及ぼすこととなり、それが社会的な問題として取り上げられるようになりました。このような現状を踏まえ、筆者は「経営者と健康保険組合、従業員、産業保健スタッフがお互いに知恵を出し合って、働きがいのある健康意識の高い職場を創造すること」を「健康経営」と名づけ、その普及啓発に努めています。

経営者、管理監督者の大きな影響力

　従業員の健康に大きな影響を持っているのは事業者です。経営者は、「健康経営者」として企業の経営戦略と従業員の健康管理を両立させるパワーを持っていますので、従業員に健康投資を行ない、結果として健康寿命の延伸により地域社会に貢献する人材を輩出したり、あるいは医療費節減という大きな利益を還元したりできるのです。

　筆者は、従業員の健康づくりの意識を高めるという予防医学の視点から、経営者や管理監督者が医療職よりも大きな力、影響力を持っていることを現場で何度となく実感してきました。たとえば女性従業員のがん検診について、産業保健スタッフが幾度となく、そしていろいろな機会を通じて受診勧奨しましたが、一向に受診率が上がりません。しかし、ある支店で急に受診率が何倍にもなったのです。その理由を調べたところ、支店長が、女性従業員のがん検診受診率が低いことに関心を持ち、朝礼で受診を勧奨するメッセージを送ったことがわかりました。わが国の企業のラインがいかに強い力を持っているかを感じざるをえませんでした。

疾病管理は医療職の範疇ですが、健康管理では、ラインによるケアが医療職よりもはるかに大きな影響を及ぼすのです。企業における産業保健スタッフの役割や影響力の範囲に限界があること、そして経営者や管理監督者は従業員の健康管理者であることをつくづく実感しました。しかし、経営者が従業員の健康管理に影響力を有していることに、経営者自身は気づいていないのかもしれません。そのため、健康経営は、経営者が従業員の健康に及ぼす自らのパワーを認識することから始まります。

　また、筆者が病院の臨床医から企業の産業医になって感じたことは、経営者が従業員の健康づくりを長期経営方針として位置づけ、若い人は積極的にスポーツや運動をし、中高年は予防医学を専門とする医師の健診を受けて従業員各人が積極的に健康づくりを進めていくことが、企業全体にプラスの相乗効果を及ぼすということです。経営者の卓越した見識が、企業の活性化と従業員の健康増進をもたらす契機となるのです。

健康経営の基本的考え方

　健康経営の基本的な考え方は、次のとおりです。

　「企業が従業員の健康に配慮することは、経営面に大きな効果が期待できるものであり、健康管理を経営的視点から考え、戦略的に実践することが健康経営である。従業員の健康管理・健康づくりの推進は、単に医療費という経費の節減のみならず、生産性の向上、従業員の創造性の向上、企業イメージの向上等の効果が得られ、かつ、企業におけるリスクマネジメントとしても重要である。従業員の健康管理者は経営者であり、その指導力のもと、健康管理を組織戦略に則って展開することがこれからの企業経営にはますます重要になっていくの

である」

　企業が安定した経営基盤を構築するにあたっては、創造性と生産性の源泉である「人」の存在が不可欠です。そこで、健康経営では元気で働くことができる人に焦点を当て、経営者、従業員ならびに支援する人々（家族）の健康を第一としました。「企業は人なり」といわれますが、健康経営もまず人がありきです。健康な従業員がいてこそ、企業の発展もあるのです。

　「ホーソン効果[*2]」という言葉があります。生産性向上には物理的な要因以上に周囲や上司の関心が大きく影響することを示すもので、働く人は、経営者の言葉で元気を得、そして直接言葉を交わすことで生産性が高まることが知られています。もちろん職場環境も大切です。人と人とのコミュニケーションもまた大切です。そこで、健康経営では、第一に従業員の心と体の健康を軸にして、第二に人と職場のストレスに焦点を当て、そして、その解決策として第三に職場環境とコミュニケーションに重点をおいて進めていくことが不可欠であると考えています。

不可欠な職場のコミュニケーション

　春季労使交渉・協議にあたっての経営側の基本方針を示す『経営労働政策委員会報告』では「生産性向上を実現する人材戦略」として、「近年、企業が従業員の健康増進に積極的に関与することで、生産性や業績の向上を目指し、成長につなげる「健康経営」の取り組みが注目されている[*3]」と、健康経営が求められる背景を指摘しています。

---

2. アメリカ・シカゴの工場で労働者の作業効率向上の要因をさまざまな実験を行ない調査したところ、職場での労働者の労働意欲は、その個人的な経歴や個人の職場での人間関係に大きく左右されるとともに、労働者に対し周囲や上司が関心を高めることが、物理的要因以上に効果のあることが判明した。

経営者が従業員の健康管理に関与することに一定の限界はあるものの、職場環境の改善、生活習慣の変容などを促すことによって、健康のレベルをさらに向上させ、生産性向上につなげることはできるのです。その鍵となるのが、職場における従業員と上司（経営者を含む）とのコミュニケーションであり、信頼関係です。「つらいときにはつらいと言える」、また、上司がつらそうな部下にいち早く気づき声をかけ、対応できるような職場であれば、人々のモラール（士気）もあがることでしょう。

　昨今は管理職のコミュニケーション能力が十分とはいえない状況も垣間見られることから、教育研修等においてはコミュニケーション能力の向上をはかることも、企業経営を支える一つの柱となっていると考えられます。職場で働く人々は、同じ目的を持って、そしてその目的を達成するために、コミュニケーションを通じて相互に支援し合う特定の集団だということを経営者をはじめ、すべての人に十分に認識してもらいたいと思います。

従業員満足がもたらす労働意欲の向上

　健康経営の前提として、わが国では、労働安全衛生法を中心に、従業員の健康管理にかかわる定期健康診断の実施や就業上の配慮、保健

3.「近年、企業が従業員の健康増進に積極的に関与することで、生産性や業績の向上を目指し、成長につなげる「健康経営」の取り組みが注目されている。健康悪化による離職、長期休業は企業と従業員双方にとって大きな損失であり、健康でいきいきと働く職場づくりが、ワーク・ライフ・バランスの推進にもつながる。近年の判例では、従業員から健康状態に関する申告がない場合でも、企業が労働環境や業務負荷を積極的に改善する必要があるとされる傾向にあり、健康経営の取り組みは、経営上のリスクを管理する上でも有効である。年齢階級別の生活習慣病患者数は、加齢とともにその割合が上昇する傾向にある。企業として、高齢従業員の健康管理に取り組むとともに、働き盛りの世代の生活習慣改善を促すことが大切である。若年期から健康を維持する習慣を身に付けることで将来の健康寿命の延伸にもつながり、医療費の適正化や健康保険料の増加抑制にも寄与することが期待される」（『2015年版経営労働政策委員会報告』日本経済団体連合会、2015年）

指導などの事後措置のほか、過重労働による健康障害防止の対応等も規定しており、使用者（事業主）には、これらの法定義務を遵守することが求められています。

　また、わが国における健康保険の仕組みは互助精神にもとづいています。会社員等が加入する健康保険は、事業主・従業員の双方が保険料を負担し、医療給付や保健事業等の運営を支えています。そのため、加入者は病気になったときも医療費負担は一定額にとどまる一方で、従業員の健康状況が悪化すれば医療給付が増大し、健康保険組合の財政を圧迫し、健全な財政基盤の確保のために保険料率を上げざるをえません。結果として経営者の負担増と従業員の保険料の上昇につながります。そうなれば経営努力をして経営者が賃金を増やしたとしても、保険料の負担増から、結果として働く人の可処分所得が減るということも起こりえます。

　今日、健保組合の財政悪化が話題になっています。高齢者医療への拠出負担がその大きな要因ではありますが、他方で保険料の負担増を抑制するためには、従業員の健康に配慮することも重要なポイントです。ES（Employee Satisfaction；従業員満足度）の改善をはかり、経営者と従業員がお互いにwin-winの関係を保つことは、労働意欲の向上に結びつき、生産性を高めることにつながります。また、技術革新が飛躍的に進歩した現代社会では、「労働の量」だけでなく、「労働の質」も働く人の健康問題に影響を与えます。時代の要請として、経営者にはそれらへの対処が求められています。働きがいや生きがいを創造する職場の実現に向け、経営者が従業員の健康に配慮すること、つまり、元気で働くことができる環境醸成に取り組むことで、多くの問題が解決できるかもしれないのです。

成熟した社会の構築に向けて

　個人の健康意識が以前にも増して高まりをみせる反面、その価値に気づくことなく、自分自身の健康を喪失していくような事態も見受けられます。従業員が疾病にかかれば経営者はどうすることもできず、医療職に任せるしか方策はありませんが、健康な状態の従業員が疾病に陥らないように、あるいはより健康な状態へと改善していくには、組織の力、とりわけ経営者の力が大きいといわざるをえません。健康と労働力（生産性）は直結しているだけに、経営者が従業員の健康に強い関心を持つことで、従業員の自身の健康に対する自己管理意識が高まります。経営者はそれだけ、従業員の健康を左右する力を有しているのです。人を大切にする、すなわち「企業は人なり」の考え方は、企業に限ったものではありません。すべての集団において、個人を大切にすることは、生命の尊厳につながります。

　経営者は自分の会社を大切なものと考えているはずです。人は自分自身の健康を大切なものと考えるはずです。経営者が会社と働く人の両者を大切にすることで、お互いが力を出し合って企業活動を支える大きな力になるのだと思います。お互いに支え合って生きていくことを前提として、お互いが相手の立場に立って考えることができる成熟した社会を築くことが大切なのです。

> コラム

安全配慮義務とはどのようなものか

弁護士 **石井妙子**

　労働契約法5条は、「使用者は、労働契約に伴い、労働者がその生命、身体等の安全を確保しつつ労働することができるよう、必要な配慮をするものとする」として安全配慮義務を定めています。この安全配慮義務は、判例の積み重ねにより、労働契約に付随する使用者の義務として認められてきたものですが、当初は事故や事件の防止に関する義務からスタートしました。

　たとえば、最初の最高裁判例とされる自衛隊車両整備工場事件（最高裁昭和50年2月25日判決）は、車両整備中の轢死事故の事案でした。民間企業における最初の最高裁判例とされる川義事件（最高裁昭和59年4月10日判決）は「事件」のケースで、宿直勤務中の強盗殺人の事案でした。当時は、健康の維持・増進に関する配慮は使用者の義務として想定されていなかったといってよいでしょう。

　その後、じん肺、職業性難聴など、職業病の防止に関する配慮義務の判例があり、さらに「過労死」「過労自殺」が社会問題化するとともに、健康の維持に着目する判例が出てきました。過労自殺のリーディングケースとされる電通事件（最高裁平成12年3月24日判決）は、「使用者は、その雇用する労働者に従事させる業務を定めてこれを管理するに際し、業務の遂行に伴う疲労や心理的負荷等が過度に蓄積して労働者の心身の健康を損なうことがないよう注意する義務を負う」としており、使用者の安全配慮義務の守備範囲は「健康維持」にまで広がっています。

　ところで、労災補償責任の場合は無過失責任とされ、業務との因果関係（業務起因性）があれば、使用者は過失の有無を問わず責任を負うことになりますが、安全配慮義務違反の責任の場合は、因果関係のみならず、使用者に故意または過失のあることが要件となります。

　もっとも、長時間労働があり、これを承知していながら勤務を続けさせていたり、あるいはそのような事態に気づいてもいないということ自体が、過

失と認定されることになります。使用者から、そんなに長時間労働をしていたとは知らなかったとの抗弁がなされることがありますが、労働時間の点について、使用者には労働時間の適正把握義務があるとされており（労働時間の適正な把握のために使用者が講ずべき措置に関するガイドライン：平成29年1月20日）、長時間労働を知らなかったというのであれば、それ自体、義務違反であり、言い訳にならない状況です。裁量労働や管理監督者についても、労働の実態についての把握義務があるとされ、やはり「知らなかった」は言い訳にならない状況です。

　過労死・過労自殺に関して時間管理の点を強調しましたが、疾病等の種類もいろいろとあり、原因もまちまちですから、配慮義務の内容や使用者に過失があったといえるかどうかは、具体的状況に応じて異なります。たとえば熱中症では、作業環境や高温多湿の環境下での作業時間、管理職による部下の体調把握と注意喚起などが主として問題となり、じん肺では作業環境、防じんマスク、安全教育等が主な問題となるでしょう。精神疾患に関しても、最近は長時間労働でなく、いじめやパワハラなどが原因だとされることがあり、そうすると、相談対応や加害者への指導・注意など、配慮義務の内容も違ってきます。

　なお、何かあると、ただちに使用者に安全配慮義務違反の責任があるかのように主張されることがありますが、使用者として具体的に何をすべきだったか、義務違反があったと主張する労働者側で、具体的な被災状況に応じて、義務の内容を特定し、かつ義務違反に該当する事実を主張・立証する必要があるとされています（自衛隊芦屋分遣隊事件最高裁昭和56年2月16日判決）。

　ちなみに、上記のとおり、使用者の責任が強調されるきらいがあり、健康維持のための配慮が要求されている状況ですが、一方の労働者にも、自己保健義務があると解されます。労働契約にもとづいて労務提供義務を負う以上、労務提供可能な心身の状態を保持するのは、労働者の付随的義務であるといえます。

2. 健康経営の3つの柱

　健康経営を推進する方策に対しては、アプローチの方法が3つあります。第一が、経営者が進める健康経営、すなわちトップダウンで進める戦略構想、第二が、管理監督者が進める健康経営、すなわち職場の快適化、そして最後に、働く人が進める健康経営、すなわち従業員自らが健康と体力を築くことです。以下では、これらの3つの柱についてQ&Aの形で解説していきます。

[第1の柱]
経営者が進める健康経営──トップダウンで進める戦略構想

　健康経営を進めるにあたっては、従業員の「健康推進」を経営方針において定め、将来の企業を支える「資産」として従業員を成長させることが重要です。そしてその前提として欠かせないのが、コーポレート・ガバナンス（健康経営の視点からは、従業員の健康はCSR（Corporate Social Responsibility；企業の社会的責任）として実施すべきもので、CS（Customer Satisfaction；顧客満足）に直結する企業財産でもあること等）、組織的・長期的な展望にもとづく戦略構想、そして経営者自身の良好な健康の維持です。

　経営者は、管理監督者を含めた従業員の健康が損なわれないよう、また疲労が蓄積しないよう、労働時間を適正に把握するとともに、必要な配慮をしていかなければなりません。管理監督者は健康経営を推進する職場のキーパーソンとなりますので、管理監督者の健康も欠くことのできない重要なポイントです。

　労働安全衛生法では、労働者の健康を保持増進させるための必要な

措置を講ずることを事業者（事業主、企業）に求めています。その適切な実行に向け、厚生労働省は「事業場における労働者の健康保持増進のための指針」を示しており、事業者はこの指針をもとに、心身両面にわたる健康保持増進対策（トータル・ヘルスプロモーション・プラン）を進めることとされています。さらに、労働者の健康保持増進にあたっては、労働者の自助努力に加え、事業者がそれを積極的に推進していくことが必要との基本的考え方が示されています。また、「労働者の心の健康の保持増進のための指針」においては、「心の健康づくり計画」で定めるべき事項の第一として、「事業者がメンタルヘルスケアを積極的に推進する旨の表明に関すること」などが、掲げられています。

このように、従業員の心身の健康づくりには経営者の強い指導力と継続的な推進力が必要となりますので、まず最初に経営者は取り組みへの決意を明確に表明することが重要です。そのうえで経営者には、健康管理全般、作業環境管理、作業管理等も含め、事業場内で進める健康経営に直接、かつ積極的に関与していただきたいと思います。

健康経営を実践することは、企業価値を高めるためにも重要な役割を果たしています。さらに、企業が健康経営に取り組むことは働く人の健康を増進させますので、健康寿命の延伸に大きな貢献ができると期待されます。

健康経営者としての役割

経営者には、企業の経営とそこで働く人たちの健康を俯瞰し、その両立をはかる「健康経営者」としての役割が求められます（図表2）。ここでいう健康経営者の役割とは、従業員の健康づくりを事業の視点でとらえ、より効果的な方策を講じてその結果を出すことです。すなわち健康づくり事業に投資することが、従業員をより健康に

図表2　コミュニケーションを基盤とした経営管理と健康管理の両立

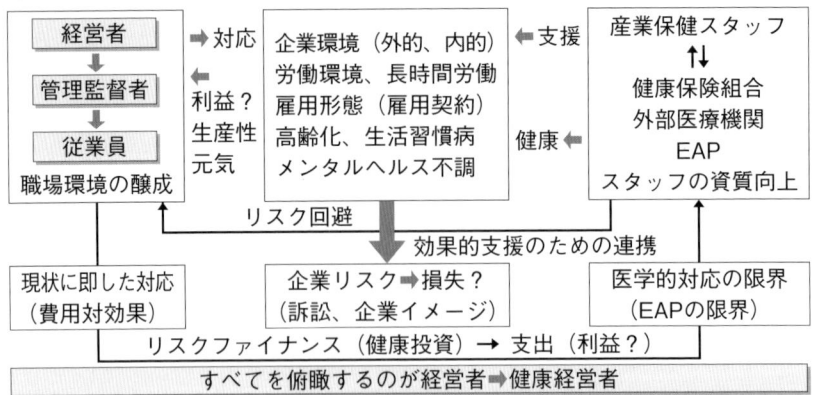

注：EAP（Employee Assistance Program）

するのはもちろんのこと、企業活動の一層の活発化には欠かせません。そのためにも、経営者は経営戦略にもとづき常に迅速に行動し、また労働災害や重大な事故などが発生しないよう事業場の安全管理に関する重点的な対策の実現に積極的に関与すべきです。従業員一人ひとりの健康は、安全対策や重大事故の防止とは無関係ではないのです。

健康経営は、生産性（企業利益）と企業利益を生み出す従業員を一体としてとらえ、同じ視線のもと迅速に両者に対処することです。人に由来する生産性の損失（アブセンティーイズム（病気等による欠勤）やプレゼンティーイズム（健康問題による生産性低下）といった健康問題による損失）を最小限にとどめられれば、企業の利益率をさらに高めることにつながります。そしてその成果は社会に対する大きな貢献となることでしょう。

『ヘルシーカンパニー』の著者ローゼンは、ヘルシーカンパニー（従業員の健康管理に投資をして、高い収益を上げている企業）について、「従来分断されてきた経営管理と健康管理を統合的に捉える」としましたが、健康経営は、個々人の健康に経営の視点から介入する

ことで、利益効率の高い職場集団を形成し、かつ日本特有の労働法規の遵守、安全配慮義務の履行、健康保険組合の財政の安定化等を通して、企業と従業員、そして社会に利益をもたらすことをゴールとしています。その根底にある考え方は、人と人のつながりの基盤が盤石でなければ組織も人も脆弱化してしまう、というものです。職場のコミュニケーションが十分に取れていること、「阿吽の呼吸」があること、人を大切にする職場風土が形成されていることは、結果として、職場も人も幸せにできるのです。

　ただし、従業員の健康管理にかかわる具体的な施策の実行については、経営者は「健康管理担当者」を任命し、間接的な関与にとどまるのが一般的であると考えられます。

健康経営事業への展開

　さらなる展開として、経営者が健康経営に取り組み、投資をした以上の利益を回収できたならば、健康経営者として健康経営というプロジェクトを投資以上の利益を創出する事業としてビジネス化（B to B）し、他の企業の利益を誘導するパートナーとなることも起こりえます。これはまさしく経営管理と健康管理の両立の発展形といえ、健康経営事業として成立する可能性が期待できます。

　経営者が、従業員の健康増進に関与するのと同様に、企業と企業のお互いの利益を高めることができるならば、両社の従業員の働きがい向上にもつながります。企業の健康管理が、地域全体に社会経済的な効果をもたらすことにも期待がふくらみます。多くの企業が自社の従業員の健康増進に投資し、著しい効果が得られた場合には情報交換等を通じて、さらなる効果と利益創出をめざし、事業展開をはかっていくことも可能となることでしょう。

Q1. 健康経営とはどのような考え方ですか。

　健康経営とは、経営者が経営の視点で従業員の健康を考えることと定義できます。事業への投資を通じて利益を創出するのと同様に、従業員の健康に投資をして生産性を高めるとともに企業リスクを減少させるものです。たとえば新製品の開発にあたっては、市場調査（マーケティング）、研究開発（R&D）、消費者需要の高い製品の市場・顧客への提供（営業）を通じて利益がもたらされますが、それと同様に、従業員の健康問題を調査し、健康に寄与する対策（製品）を研究開発して従業員に提供することで企業に内在するリスクを低減させ生産性向上を期するものです。

　外部から得られる収益だけでなく、内部の持てる資産価値を高め、経費を節減することは、企業利益の増加に大きく寄与するといえます。しかしその投資にあたって、経営者の判断とその後の強い推進力（戦略的構想）がなければ投資に見合った利益の回収は期待できません。そのため、健康投資では予算的措置（利益投資）に加え、従業員の健康に対する経営者の強い思いを表明すること、そしてその実践に時間を投資すること（時間投資）から始まります。経営者の力強い、柔軟な経営戦略が組織と人を活性化させるのです。

　健康経営は、従業員の健康のみならず、企業の発展、さらには社会全体にも利益をもたらします（図表3、図表4）。

【ポイント】
＊経営の視点（経営戦略、経営方針）で従業員の健康を考える
＊経営者の強い推進力が必要
＊健康投資はESをもたらす

図表3　職域健康増進プログラムの潜在的利益

雇用側	・健康保険の削減 ・傷害給付、死亡給付の削減 ・医療費の削減 ・欠勤率の減少 ・労働災害の減少 ・転職率および人員交代にかかわる経費の削減 ・生産性の向上 ・従業員モラールの向上 ・従業員の健康とQOLの向上	従業員側	・医療費の削減 ・治療にかかわる交通費、待ち時間の削減 ・病気休暇の減少 ・積極的健康行動に関する同僚や雇用者の支援増大 ・健康活動に対する満足度の増大 ・健康に関する経営者側の関心によるモラールの向上 ・健康とQOLの改善
		社会	・医療費の削減 ・健康とQOLの改善 ・健康増進の重要性の公認

出所：Hollander et al. 1985（『健康観の転換』園田恭一・川田智恵子編、1995年）

図表4　CSRの視点による健康経営の意義

従業員に対する効果	企業経営にとっての効果	外部ステークホルダーへの対応
・従業員の健康増進 ・従業員の満足度向上 ・従業員個人の医療費負担適正化 ・職場環境の快適化 ・（企業業績向上による）所得増加	・企業の医療費負担適正化 ・事業リスクの軽減 ・労働生産性向上 →企業業績の向上 ・企業価値・コーポレートブランドの向上 ・企業イメージの向上 ↓ ・職場への優秀な人材の定着 ・優秀な人材の新規雇用 →労働生産性の向上	**〈政府にとって〉** ・医療費国庫負担適正化 ・税収増 **〈地域社会にとって〉** ・税収増 ・地域住民医療費適正化 ・地域の労働力雇用 **〈株主・投資家にとって〉** ・株価・配当面での効果 **〈金融機関にとって〉** ・融資リスクの低下 **〈取引先にとって〉** ・取引リスクの低下 **〈顧客にとって〉** ・商品選択時の判断材料

出所：「健康資本増進グランドデザインに関する調査研究報告書」経済産業省、2008年

Q2. 経営者が自社の健康経営に取り組むポイントを教えてください。

　経営者が自社の健康づくりに積極的に取り組むためには、まず自社の健康管理の状況をとらえることが大切です。この点は、経営状況を改善するためには、何が収支上の問題となっているのかを把握したうえで解決策を見出すのと同じです。

　従業員の現在の健康状況（または疾病状況や今後の高齢化問題等）とそのトレンドを把握することで、将来の従業員の健康状況が予測可能となります。その結果が、企業の将来を明るくしているのであれば現状の健康に係る対策は功を奏していると考えられますので、さらに先進的な健康開発事業を推進していきます。しかし、それとは逆の予測がなされたのであれば、早急に対応策を検討することが求められます。重大な健康問題が発生してからでは、問題を解決するまでにかなりの年月を要することもありえますので、迅速な対応が必要なのです。そのためには、将来の企業業績を予測するのと同様に、従業員の健康状況を予測できる情報を収集することが不可欠です。産業保健の専門家の意見を聴取することなども理解の深耕につながるでしょう。

　具体的には、経営者自らが健康経営に関心を持ち、関係部署に対して健康経営についてのより詳しい調査を指示し、現状に対する理解を深めてください。次に、健康経営に対応すべく検討会等を立ち上げ、多くの人たちから意見を聴取する機会を設け情報を収集します。集約された意見は真摯にとらえ、経営者自身も意見を述べ、現場を確認し、対策をラインアップすることを通じて、組織としての健康を俯瞰できるようになります。その後、優先順位を定めて実践する、という手順になります。その際、成果をきちんと見届けることが大切で、

PDCAサイクルを回すことにより健康経営の基盤が一層ずつ積み上げられていきます。

　健康経営推進の第一歩は、健康診断などの法律で定められたことがきちんと実施されているかのチェックから始まります。これは法令遵守の視点からは必須事項です。次に、健康診断の事後措置など、健康を増進させるための方策を講じます。これらは、経営者と管理監督者の理解で十分その効果を得ることができますが、その前提として、従業員への教育が不可欠です。

　職場環境についても経営者の一言が大きな効果をもたらします。また組織内のコンセンサス形成に向け経営会議で決議することが、全社的な流れを生じさせることにつながります。

　これらを効率よく実施するためには、活動を支える組織の体制整備が必要です。さらに、経営者自身の健康習慣が多くの従業員の健康習慣に影響を与えることにも留意すべきです。

【ポイント】
＊従業員の健康状況の把握が第一歩
＊健康診断等の法令遵守は必須
＊社内理解の醸成が重要

Q3. 経営者の健康経営の表明とはどのようなものですか。

　健康経営は企業のポリシーにかかわるもので、経営方針として経営者が全社に表明すべきものです。表明が管理監督者全員に伝わることで、すべての職場での健康経営推進が期待できます。

　健康経営に係る戦略構想は、1年程度の短期で終わるようなものでは効果は見込めません。中長期経営方針などに位置づけ組織的に展開される仕組みを構築することが大切です。そして、毎年の経営者の経営方針発表時などには、必ず健康経営について言及します。健康に関する意識づけは、継続的な啓発が必要だからです。

　健康経営の表明は、たとえば次のように行ないます。

　「当社は、本年度より健康経営に取り組むことにしました。職場での事故やけがを予防にするには、働いているみなさん自身の健康が重要なことから、従業員が健康な職場、働きがいがある職場を醸成したいと思っています。そのための具体的な施策として、健康経営推進検討会を設置し、私自ら委員長となって多くの意見を集めて、快適な職場の醸成に努めたいと思います。みなさまの協力なくしてはできないことですので、一体となって進めていきたいと思います。従業員のみなさんも自ら健康管理に心がけ、明るい職場をつくっていただきたい。単年度の方針に終わることなく、みなさんとともに長期にわたって継続することでその効果が出ることを期待しています」

【ポイント】
＊経営方針としての表明が重要
＊中長期の戦略構想としての視点を持つ
＊経営者が繰り返し健康経営に言及することで安心感が醸成される

Q4. 健康経営に係る戦略構想とはどのようなものですか。

　企業が経営状況を把握する場合には、売り上げ等の収益と経費等の支出のバランスをみていきます（図表5）。それと同様に健康経営についても、経営者が、従業員の健康診断結果の推移や医療費などを関連づけて、企業の経営の一つの指標として経年でとらえることが重要です。推移を把握することにより、どのような変化が起きているかに気づくことができます。また、変化している理由を担当者に聞く、あるいは健康に係る指標のトレンドを分析し将来の見通しを立てることで、予防の視点に立った対策が講じられるようになります。

　いくら医学が進歩しても、疾病にかかれば治癒不可能な場合もあります。重症化しないためには早期発見・早期治療が重要ですが、そのような状態に陥る前の予防や健康増進に取り組むことは、それ以上の効果をもたらします。そのためには、健康づくり意識の醸成をはじ

図表5　経営の収支バランス

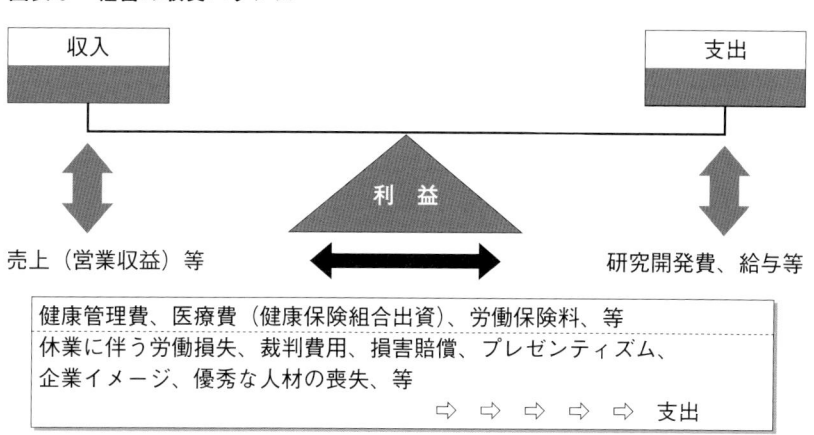

2．健康経営の3つの柱　29

め、健康的な環境づくりを積極的に進めていくことが望ましいのです。ここに、経営者が将来を見通した健康経営に対する柔軟な対策を講じることが求められる理由があるのです。

　健康経営を戦略的に実行するためには、経営者の指導力のもと、当初はトップダウンで進めていくことが必要です。そのためには、健康経営の担当者を配置し、組織体制を整えることが欠かせません。たとえば健康管理担当執行役員の配置、健康経営推進部の設置など、健康経営推進の組織体制を整えることが、経営者の明確な意思表明となります。

　経営戦略が構築されれば、次の方策として生活習慣病対策、メンタルヘルス対策、高齢者の体力向上策など、さまざまな専門家集団が提供する仕組みを利用するなどの対策が立てやすくなります。明確な基本方針や戦略にもとづく施策であれば、組織の協力という支援を受けることができますので、効果も得られやすくなります。経営戦略がなければ、または基本的な考え方に問題がある場合には、個別の戦術は徒労に終わりかねず、成果は期待できません。

　ところで、事業者は労働安全衛生法にもとづき、従業員に対する定期的な健康診断の実施が義務づけられており、健康診断項目も法定されています。また、従業員にも健康診断の受診義務が課されています。これらに加え、健康経営の一環として事業者が法定外の健康診断を行なうこともありますが、そのためには相当の予算的措置が必要となります。ただし法定以上の健診を実施しても、その投資に見合った効果が得られていないのであれば、経営上の問題として認識しなければなりません。

　たとえば従業員が健康診断を受診しない、あるいは健康診断の結果、再検査・精密検査や専門医の受診が必要等の医学的判断がなされ

たとしてもまったく対応しない、というのであれば、せっかくの保健指導や治療の機会が無駄になります。また、健康診断は疾病の早期発見が目的のひとつではありますが、本来は、事業者が従業員の健康管理を通じて、適切な就業判断や配置転換等を考慮するための手段とすべきものです。すなわち、「職場における健康診断は、労働者の健康状況を把握するための基本となる対策です。それにより労働者個人にとっては疾病の早期発見、健康確保のための健康意識の向上等の意義があり、事業者にとっては健全な労働力の確保のため、医師の意見を勘案した上で、労働者が当該作業に就業してよいか（就業の可否）、当該作業に引き続き従事してよいか（適正配置）などを判断するものです。さらに健康診断は、労働者の継時的変化を含めて総合的に把握した上で、労働者が常に健康で働けるよう保健指導、作業管理あるいは作業環境管理にフィードバックしていかなくてはなりません」（「労働衛生のしおり」平成26年版、中央労働災害防止協会）とされています。

　健康診断は法定義務ではありますが、経営者は健康診断を健康管理事業の一環としてとらえ、診断結果にもとづく適切な事後措置を行なうなど、基本的な対応がはかられているかを経営者自身が検証していくことが求められます。

【ポイント】
＊健康経営では予防・健康増進への取り組みが重要
＊専門部署の設置等の推進体制を整備する
＊健康診断を有効活用し、適切な事後措置を実施する

Q5. 健康投資とは
　　どのようなことから始めればよいですか。

　健康経営を推進するに際しては、一定の投資が必要です。そして投資であるからには、事業性の視点からは投資効果が期待され、企業利益と従業員の健康の両者に利益をもたらすものでなければなりません。
　それでは経営者は、健康経営にどのように投資をすることができるのでしょうか。
　まず「時間投資」が必要です。経営者の大切な時間を、健康経営の啓発に投資することです。つまり、従業員に健康経営メッセージを送ること、職場を訪れ健康経営メッセージを従業員に語ること、従業員の労働時間の一部を使って教育研修にあてること、などがあげられます。
　二番目の投資は、「空間投資」です。社員食堂、休憩室など、事業場内の既存の場所を健康経営のために活用することです。社員食堂ではヘルシーメニューを提供するようにしたり、休憩室でゆったりと休息がとれるようにスペースを拡大するなども例としてあげられます。既存の施設を健康づくりのために用いるのです。
　そして第三の投資が、「利益投資」です。収益の一部を経営管理に資する健康管理施策に投入することです。これらの投資のうち何が必要かは、その時その時に経営者が判断するとよいでしょう。
　ところで、健康経営に取り組む際のキーワードとして、3つの「間」があげられます。①人と人の「間」、②時と時の「間」、③空と空の「間」です（図表6）。ここでいう人と人の「間」とは、コミュニケーションです。円滑なコミュニケーションができる管理監督者や従業員を育成することから健康経営は始まります。また、空と空の

「間」とは、従業員が職場でお互いに情報を交換する場（空間）を意味し、その空間は、事業者が提供することになります。経営者はこれを許容するかどうかを判断します（空間投資）。

組織は、「縦」だけではなく「横」「斜め」の軸があることでより強靭になっていきます。つまり、人と人を結ぶ空間の創造です。それがさらに大きくなれば、組織と組織の連携となり、企業にとっては大きな資本となる可能性を秘めています。共通の空間は組織コミュニケーションを高めることにつながります。

これらの「間」への投資は、経営者でしかなしえません。従業員の健康管理を職務とする産業保健スタッフは、要望は出せても実行はできません。健康診断で異常を指摘し、事後措置をとるだけでは、職場に利益をもたらすことにはつなげられないのです。また、「間」のない職場では、職場も人も疲弊し、両者の将来の視野を狭めてしまうことが危惧されます。「間」にどのような投資をするのかは、まさしく

図表6　「間」に投資

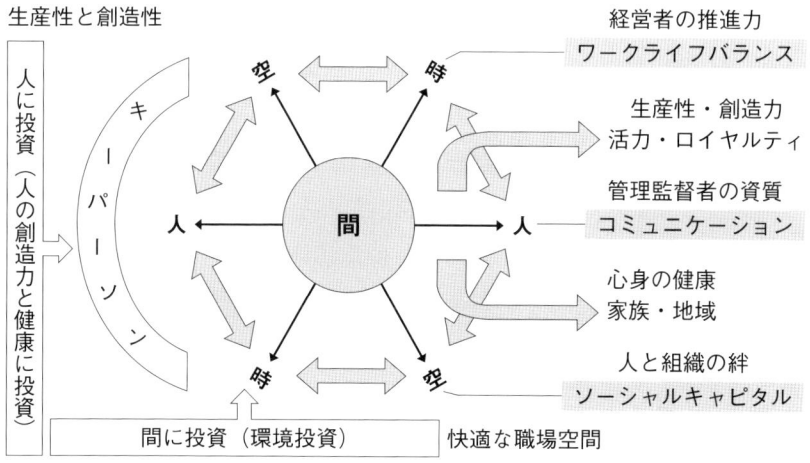

経営戦略にもとづくものであり、長期的なPDCAが必要です。

　なお、時間管理は人事労務管理上の問題ですが、従業員個人にとっても、労働時間（拘束時間）と自由時間（非拘束時間）をいかにバランスさせるかに留意が欠かせません。経営者は、従業員の労働時間を介して創造力や生産性を購入することになりますが、買いすぎると従業員の健康を代償にしなければならず、労働災害発生等のリスクを負うことになります。従業員も自らの「自由時間」を売りすぎると健康を害します。そのため、ワークライフバランスが大切なのです。また、従業員が自分自身の時間を持つことは、自分の趣味の時間、家族との団欒の時間、地域社会への貢献の時間などとして、企業力を高める基盤となるはずです。

　ただ、どうしても長時間労働をしなければならない場合もあるでしょう。そのようなときに従業員が疲弊しているようであれば、企業リスクを回避できず、従業員の健康も損なわれることになります。健康は蓄えることはできませんが、日頃から健康を維持することは将来の健康を担保することにつながります。

　このように、健康を維持するためには、時間（運動する時間、睡眠時間、休憩時間など）、空間（安心して睡眠がとれる家庭、安全な職場など）、そしてお互いに支え合う人間（家族、友人、職場の同僚、上司など）が必要なのです。

　従業員の健康習慣の改善も、健康投資としてあげられます。健康習慣が悪化して休職者が増加すれば、企業収益が減少し、企業の年間の収入が減少する可能性も増大します。経営者が年間所得を増やそうと努力しても、休職者が増えれば利益の回収はむずかしくなるでしょう。このような場合、経営者としては、従業員の健康習慣の改善に介入することが必要です。つまり、元気な従業員を育て、高い生産性を

導くことが、持続可能な企業活動には求められるのです。

　なお、健康投資のどこから手をつけてよいのかわからない、健康づくりに投資する時間的余裕がない、というようなら、利益投資ではなく、時間投資が必要です。少なくとも元気に働いている従業員が病気にならないような健康習慣を定着させることは、経営者の立場で推進できるものです。

　たとえば従業員が数人の会社であっても、「朝食を食べること」「毎日、もう10分歩くこと」などを、従業員との合意のもとに「わが社の方針」として策定することはできるでしょう。この方針策定が「時間投資」にあたります。もちろん、経営者自身も実践することが必要です。その実践を通じて経営者も一層元気になるはずです。

　なお、健康診断において高い出現率が認められる自覚症状を有している人たちは、疾病の有無は問わず、医療費が高くなっていることが研究結果からわかっています。またその人たちの生活習慣を調べてみると、喫煙、運動の有無、塩分摂取量などの生活習慣に問題があることも報告されています（岡田、未発表研究資料による）。生活習慣を改善することは医療費を減らすために必要ですが、個人の生活習慣に起因する生活習慣病には、生活環境もしくは労働環境も一定の影響を及ぼしているのです。

【ポイント】
＊時間投資、空間投資、利益投資を行なう
＊さまざまな「間」に投資する
＊従業員の健康習慣の改善が生産性の向上につながる

コラム

経営トップの想いと推進担当者の熱意

フジクラ人事・総務部健康経営推進室副室長 **浅野健一郎**

　当社が健康経営を進める過程で「健康経営推進に一番必要なことは何か」と問われると、私は「経営トップの想いと推進担当者の熱意」と答えています。

　元来、健康経営の第一義は、日本企業が旧来から真摯に取り組んできた労働安全衛生や福利厚生の延長の活動ではありません。健康経営とは、その企業の事業戦略と同様に、企業が経営視点で戦略的に取り組む経営戦略手段の一形態です。したがって、その企業の経営課題が健康経営推進の起点となっていない健康経営はありません。つまり第一義的には健康経営を実行することで経営的なうれしさがなければ、実行する必要もなく、そもそも実行する意味もないのです。これが、「経営トップの想い」です。経営トップがこの健康経営で経営的に何をしたいのか、健康経営という戦略手段を使用することで、どのような経営課題を解決したいのかが明確になっていないと健康経営は始まりません。

　経営トップの経営課題解決の期待を背負って健康経営を始めることが経営会議等で決定されると、実際の具体的推進を任される健康経営推進担当者が任命され、この経営戦略は実行に移されます。一般的にこのような新しい取り組みは、これまでの実績や方法論が確立されていない等により、多くの異なった視点の意見や多数の関係者の複雑な関係性の中で、ステークホルダーと協力しながら施策を遂行し、経営的な成果に結びつけなければならない難題に直面することが多々あります。さらに健康経営の特殊性として、一般的に圧倒的大多数の健康無関心層に対して施策を行ない成果に結びつけるという、とてもチャレンジしがいのある課題が存在します。これらの状況下で遂行責任をもつ担当者が確実に職務を遂行するには、万難を排して成し遂げる「熱意」が重要になります。

　以下では、当社が健康経営を始めるに至った過程で、経営トップがどのよ

うにこの健康経営を理解し、強力なトップダウンの指導力発揮に至ったかを紹介します。

当社では2010年度の経営会議で健康経営を重点方策として取り組むことを決定し、2011年度にコーポレート企画室（経営企画）内に健康経営の専門組織を立ち上げ、2012年度から各種施策の展開を開始し、2013年度に全社展開が完了しました。その直後の2014年1月1日に「フジクラグループ健康経営宣言」を行なっています。2010年の経営会議での決定から全社展開完了まで約3年の時間を費やしました。これだけの時間を要した理由には、現在のように健康経営やデータヘルスという国全体の動きが始まる前であったため、法律的な課題への対応や各関係者との関係づくりと調整に時間がかかったということも事実ですが、一番注力していたことは、当社の経営課題をどのように健康経営で解決していくのかという方法論の策定です。

宣言の内容は次のとおりです。

「フジクラグループは、社員の健康を重要な経営資源の一つであると捉え、個人の自発的な健康活動に対する積極的な支援と、組織的な健康活動の推進で、"お客様からは感謝され、社会から高く評価され、社員は活き活きと仕事をしている"企業グループを目指します」

ここに、健康経営に対する「トップの想い」と推進の方向性が集約されています。最後の「お客様からは感謝され（中略）企業グループを目指します」というくだりは、当社のめざすゴールイメージです。このゴールイメージは現社長が全従業員に向けて発信している企業理念であり、理念実現の手段のひとつとして健康経営を選択しました。企業理念をなんとしても実現するという経営トップの想いがここにあります。

また足元では、当社の主要事業領域であるインフラ系の電線事業は今後大きく伸びる産業分野ではないため、当社が将来にわたって社会から価値を認められて存続していくには、新しい事業領域への転換を含めた事業構造や収益構造の変革が経営課題となっています。これらの変革を実現するためにも、社員が心身ともに健康でなくては、強い意思と不屈のチャレンジ精神をもってこの難局を乗り切ることができません。

このように、当社は企業理念の実現においても足元の事業変革において

も、これら経営課題の解決に健康経営が戦略として適合しているとの経営判断だったのです。
　健康経営は、儲かっている企業がその余剰金を使用して実行するというよりも、むしろ事業存続の危機等の深刻な経営課題を抱えて苦しい状況にある企業が通常の事業戦略以外の手段として採用することで、施策の効果が一層発揮されるものだと考えています。それは、「経営トップの想い」がより強く表われるからにほかなりません。

Q6. 健康経営推進にあたっての経営者の働きかけやコミュニケーションの留意点にはどのようなものがありますか。

　経営者は、職場の健康と従業員の健康を俯瞰して、その基盤となる職場の環境とコミュニケーションを軸とした対策を講じていくことが大切です（図表7）。そのためには、従業員や関係部署、専門家集団との情報交換が必要となってきます。多くの情報を集積すれば、おのずと道はみえてくるはずです。

　さらに、他社の経営者とのコミュニケーションのチャンネルも、経営者はたくさん持っています。さまざまな場を通じ他社の健康づくり対策を聞いてみることは、自社の健康プログラムを評価するうえで重要な情報となります。

　たとえば異業種の健康づくり対策が参考になるかもしれません。他社が行なっているアプローチをヒントにすることで、大きな効果が期待できるかもしれません。社内外のさまざまな人とコミュニケーションをはかり、多数の情報が集積できれば、効果的な健康づくり対策が構築できる可能性も大きくなります。また、そこには経営の視点も加味されていますので、組織を動かすことにもつながります。働く一人ひとりの健康改善に対しては、経営者の関与は小さいかもしれません

図表7　職場における3コミュニケーション

経営の視点からコミュニケーション－優先順位は？
1. ワーク・コミュニケーション－経営者＋管理職の関与
　　共通課題である職務についての上司―部下の相互理解を深める
2. ヘルス・コミュニケーション－管理職＋産業保健スタッフ
　　健康診断結果による就業上の措置、いつもと違う部下の把握
3. プライベート・コミュニケーション－管理職＋家族
　　プライベートな問題が職務遂行能力や健康問題に関与しているか？

優先順位

が、大きな集団としての方向性を示すことは、健康改善の動機づけにつなげていくにあたっては大きな影響力をもたらします。

　経営者が、経営方針に健康経営宣言を盛り込むこと、担当役員を配置すること、担当部署を設置すること、そして職場環境を快適化すること等、経営者が従業員に対してメッセージを発信することは非常に重要であり、実践的な活動です。経営者が従業員の健康に高い関心を持つことによって、従業員は安心感を持って業務に専念できるのではないでしょうか。

【ポイント】
＊職場で従業員と話す機会を通じて、多くの人の考えを把握する
＊他社の経営者からの情報は活用価値が大きい
＊コミュニケーションは職場の環境を効果的に改善する手立て

Q7. 経営者は健康経営に取り組むにあたり、どのようなことから着手すればよいでしょうか。

　事業場の規模によって健康経営の進め方は異なります（図表8）。
　少人数の職場であれば、職場の3S（整理、整頓、清掃）から始めてみることをおすすめします。まず、経営者が率先して3Sに取り組みます。従業員にも意見を求め、それを管理職が集約することで、職場の問題点を把握できます。この意見をもとに管理職と経営者が問題点を話し合い、経営者が最終決断をして一定の予算措置を講じ、改善を実践します。経営者も実践に参画しますので、健康経営への取り組みは、職場環境改善に経営者の時間を投資することから始まります。
　3Sがうまくいったら、4S（3S＋清潔）、5S（4S＋躾）、6S（5S＋作法）に挑戦します。職場の環境がよくなれば、働きがいも出てくることでしょう。あるいは、経営者の立場で次のSを考案してみてはどうでしょうか。たとえばStress（ストレス対策）、Self-care（自身の健康づくり）など、いろいろと工夫して継続的に展開していくことが大切です。
　取り組みのポイントは、職場を自分自身の目でよく観察し、現状がどのようになっているのかをきちんと把握することです。そして経営者が自分自身の貴重な「時間」を投資し、人と人との間に入ることを通じて、コミュニケーションを促進していくことが、何より重要です。
　規模の大きな組織であれば、経営者は従業員の健康に配慮する事項を検討し、課題と対策を安全衛生委員会などに調査審議してもらいます。経営者が従業員の健康推進に取り組むことで職場組織を活性化できます。また、労使でも健康経営について協議し、得られた結果に対して経営者が最終判断をして、予算措置なども含めて戦略的に実践を

図表 8　健康経営オフィスの考え方（健康を保持・増進する 7 つの行動）

出所：経済産業省 平成27年度健康寿命延伸産業創出推進事業（健康経営に貢献するオフィス環境の調査事業）

していくことになります。

【ポイント】
＊経営者自らが職場環境改善に関与する
＊コミュニケーションを促進する
＊安全衛生委員会や労使協議の場を活用する

Q8. 事業者と保険者の連携（コラボヘルス）とはどのようなものですか。

　健康投資は、保険者と企業が一体となって健康経営を実践するためのものですが、経営の視点からは、その投資に見合った効果が期待されなければなりません。そのためには、知恵を出し合ってきめ細かな対策を講じることが求められます。健康保険組合が保有するレセプトデータや健康管理情報などを活用し、健康づくりをめざす「データヘルス計画」は、実りある成果をあげるための事業であり、保険者と事業者の連携（コラボヘルス）がますます重要になってきています。

　データヘルス計画は、健康管理情報を活用して、職場の健康管理上の問題点を明らかにすることから始まります。医療費の分析も含まれており、健康習慣や健康診断の結果などから、具体的な対応策を考えることができるようになります。そこで、健康保険組合の保健事業と経営者が実施する健康保持増進対策事業とを一緒に実施すれば、その効果も大きくなることが期待できます（図表９）。

　経営者が健康経営を進めるに際しては、まず検討すべき課題を抽出しなければなりません。自社の健康課題がどこにあるのかは、業種、企業規模、従業員の平均年齢、男女の構成比などによって異なります。したがって、課題は経営者がいろいろな情報を収集して抽出しなければならないのです。

　従業員の健康状況、医療費の状況などを総合的に判断すると、もっとも重大な課題が浮かび上がってきます。ここで、従業員の健康管理情報が有用になってくるのです。つまりデータヘルス計画によって健康管理情報を集約し、これからの健康問題を抽出することで、対策を講じることができるようになります。しかし、どのような対策も、企

図表9　健康・医療戦略の位置づけ

「国民の健康寿命の延伸」をテーマのひとつとする。
　2030年のあるべき姿として、
　・効果的な予防サービスや健康管理の充実により、健やかに生活し、老いることができる社会
　・医療関連産業の活性化により、必要な世界最先端の医療等が受けられる社会
　・病気やけがをしても、良質な医療・介護へのアクセスにより、早く社会に復帰できる社会
の実現をめざす。

出所：2014年7月22日閣議決定

業と健康保険組合が一体となって取り組まなければ、効果は薄れてしまいます。そのため、企業と健康保険組合がコラボレーションして効果的な対策を講じることが求められるのです。

　健康づくりを実施するに際しては、事業であることを考慮し、投資効果に見合った収益を得ることが大切です。情報を集め、専門家と協力して健康づくり事業を黒字化するために知恵を出し合って対応することが必要です。

【ポイント】
＊健康保険組合が保有する情報等を活用する
＊健康経営推進の課題は、企業ごとに異なる
＊企業と健康保険組合が一体となって取り組む

Q9. 健康経営の目的や効果はどのようにとらえたらよいでしょうか。

　健康経営は、企業の利益創出と従業員の健康増進の両面に効果が期待できます。それは、企業で働く人たちが元気であれば、大きな資本を有していることになり、将来への投資として位置づけられるからです。明るい企業の将来を見据えることにもなります。

　ESが働きがいを醸成すること、従業員一人ひとりが企業の顔であることを経営陣は忘れてはなりません。つらそうな、疲労困憊で元気のない営業担当者からは、その会社の状況を垣間見ることができます。そのような企業に積極的に投資がなされるでしょうか。

　CSにも従業員は大きな影響をもたらします。従業員は顧客でもありますので、たとえば退職した従業員が地域社会で、「いい会社に勤められた」「いい上司に恵まれた」などの言葉を発することは、何よりも企業価値を高めることにつながります。波及効果として、いい人材が集まってくることも期待できます。「自分の子どもや孫にも薦められる企業である」と従業員が感じられる企業であることが求められます。

　また、健康経営を通して、従業員が退職するまで元気で勤務できることは、会社はもとより家族にとっても幸せなことです。健康寿命の延伸を考える場合、少なくとも定年退職時には健康で元気であることが基本になります。

　企業ガバナンスの側面からも従業員の健康管理が、経営管理の一つの手法として重視されています。企業の将来の利益を考える場合には、法令遵守やリスクマネジメントが企業価値を高めるうえでも、きわめて重要となっています。従業員に対する経営者の対応の重要性

図表10　従業員に対する経営者の対応

Maslow	一つは生産性、品質、利益向上といった意味での成果。もう一つは、人的成果
Drucker	組織は、人々を惹きつけ、引き止めなければならない
Peters	従業員を大人として扱うこと、同じ仕事に携わるパートナーとして敬意を持って接すること
Rosen	従来分断されてきた経営管理と健康管理を統合的にとらえる

企業がその生命を維持するためには何が必要なのか
　　　　　未来の企業への投資
　　　　　　（それは企業を未来永劫支える人への投資、健康投資）

出所：A.H.マズロー著『完全なる経営』（金井壽宏監訳、大川修二訳、2001年）、片山又一郎著『ドラッカーに学ぶマネジメント入門』（2004年）、T.ピーターズ・R.ウォータマン著『エクセレント・カンパニー』（大前研一訳、2003年）、R.H.ローゼン著『ヘルシーカンパニー』（宗像恒次訳、1994年）

は、これまでも企業マネジメントの専門家の多くが指摘しているところです（図表10）。健康経営を実践するうえでも心にとどめておきたいものです。

【ポイント】

＊企業の利益創出と従業員の健康増進がはかられる
＊ESがCSをもたらす
＊企業ガバナンスのうえでも重視

コラム

「健康ソリューション企業」をめざすルネサンス

ルネサンス健康経営推進部 **樋口 毅**

　「健康経営に取り組みたいのですが、何から始めればよいのですか」というご相談を多くの企業からいただいています。私たちは、こうしたお客様には、①なんのために健康経営に取り組むのか、②取り組むべき従業員の健康課題は何か、③課題解決に向けてどのように取り組むのか、をお聞きします。①に答えられない場合には経営者とのコミュニケーションが不足している、②に答えられない場合は現状把握が十分にできていない、③に答えられない場合には社内での合意の形成や連携が不足していると判断し、それぞれの課題解決に向けたお手伝いを開始します。

　健康経営を実施するために大切なことは、第一に経営者の推進力です。「健康づくりは大切である」ということに対しては、おそらくどの経営者も「そのとおりだ」と答えることでしょう。しかし健康づくりの実施に「いくらを投資すべきか」については判断がつかないという現状をよく目にします。

　多くの費用をかけなくても実行可能な、簡便なサービスを提案することも、もちろん可能です。また、私たちのようなサービス提供者が、従前収支と従後収支を比較し、サービス価値を明らかにすることも、これからは必要だと考えています。

　しかし、何より大切なのは、「なんのために健康経営に取り組むのか」という経営者の姿勢（意図）を明確にすること。そのうえで「投資」に見合う「便益」について、社内での合意形成を得ることが重要と考えて、お客様に働きかけをしていくことです。

　健康課題を現認するためには、定期健診やストレスチェック等のデータを分析することが有効です。年齢や性別、職種等のデモグラフィックデータを事業所別、職場別に集計することで自社の課題が明確になります。健保組合との連携による「データヘルス計画」の活用もおすすめしています。

　データヘルス計画とは、特定健診データとレセプトデータ（診療報酬明

細書：病院にかかった情報）を分析することで、「どんな疾病傾向があるのか」「疾病になる人はどんな健診結果なのか」を分析し、医療費の適正化に向けて計画的な保健事業を実施することを目的にしています。私たちが触媒となることで企業と健保組合とのコラボヘルスが進み、効率的な健康経営の推進につながるケースが増えています。

　社内の関係者の合意を形成するためには、各施策と経営戦略を連動させていくことも大切です。少子高齢化を背景に、ポジティブアクションや継続雇用等に戦略的に投資する企業が増えています。ある企業では「雇用延長制度の導入」を受けて、健康測定を中心とする中高年の健康づくりに取り組んでいます。「女性が働きやすい職場」をつくるために、女性のライフイベントに焦点を当てた健康づくりを行なう企業もあります。法制化される「ストレスチェック導入」を基点に、ストレスを成長の糧にできるメンタルタフネスを有する従業員を育成したいという企業もあります。健康づくりの内容は企業によって異なるものの、共通の目的は「資産としての優れた人材を確保すること」にあります。

　私たちは、健康経営の実践には企業間での情報共有も必要と考え、毎年、経団連会館で「健康経営会議」を開催しています。また多くの企業を束ね「健康づくり企業の連携」を推進することで、一社では担えない質の高いサービスを提供できる体制も整えていきます。今後は、従業員一人ひとりが「自分ゴト化」するためのプログラムも開発していく予定です。

　私たちは健康経営の推進を通じて、国民の健康寿命の延伸に貢献し、日本の経済力を強化する一端を担いたいと考えています。「健康づくりのことは日本に聞け！」そう言われる国にすることが私たちの役割です。

[第2の柱]
管理監督者が進める健康経営──職場の快適化

　管理監督者は、経営者の戦略的構想を受けて、実際の現場で健康経営を実現する役割を担うことになりますので、健康経営の考え方を十分に理解することが、いうまでもなく必要です。管理職は業務上の指揮命令権を持ち、労働の「量」と「質」の両面から、部下の心身の健康に及ぼす影響を考慮しなければならない立場にあります。特に管理監督者は、職場における安全配慮義務についての理解を深め、職場の健康づくり推進の風土を醸成する役割を担っています。これらを実践することで従業員のメンタルヘルスの向上に寄与し、職場の生産性向上に貢献していきます。

　部下の健康管理だけではなく、自らの健康にも留意する必要があります。自身が心身の不調に陥った場合には、部下の健康管理どころではないはずです。また、管理監督者は職場のあらゆる場面においてキーパーソンとなりますので、元気であることが欠かせません。そこで、労働時間の自己管理を怠ることのないよう、注意が求められます。

　健康経営の推進という大きな構想を実現するためには、日々の地道な活動の積み重ねが大切です。その一つひとつが企業の生産性向上につながり、部下の健康増進にも寄与し、企業の発展に大きな影響を及ぼすことになるのです。

Q1. 管理監督者が健康経営に取り組む際の課題を教えてください。

　健康経営の実践にあたり、管理監督者には、職場の生産性の向上（作業効率の向上、欠勤率の低下、モラール（士気）の向上等）と、働く人の健康度の向上（生活習慣病を有する従業員数の減少、就業制限が必要な従業員数の減少、休職者数の減少、健康診断有所見率の減少、医療費の減少等）の2つを両立させることが求められます。

　生産性はストレスと微妙な関係にあります。ストレスが過小では生産性は向上せず、過大では生産性が低下します。また、適度なストレスは人生や仕事達成の推進力になりえますが、それが過剰になると健康に障害を与えることになります。

　そこで、管理監督者は、業務にメリハリをつけ、休むときは休む、仕事をするときにはしっかりと働くという点に留意し、部下の作業量、質を調整することが求められます。

　また、職場の生産性向上にあたっては、職場環境（物理的環境と人的環境の両者）の改善も大切です。特に、部下が出勤はしていてもパフォーマンスが低下しているなどの場合（プレゼンティーイズム）には、職場の生産性が著しく減少するばかりではなく、モラールも上がらなくなり、職場の雰囲気が悪化しかねませんので、部下の健康状態に対しての十分な配慮が欠かせません。

　なお、プレゼンティーイズムについては、次のような紹介がされています。

　「出勤していても病気や体調がすぐれないせいで、頭や体が思うように動かない問題によって、生産性は3分の1以上も下がることがある。実際、プレゼンティーイズムは、生産性の低下という面で対をな

す「アブセンティーイズム」（予定外の欠勤）よりもはるかに高くつく問題のようだ。プレゼンティーイズムは、自分たちの仕事をなおざりにしていないこと、また大半は仕事に従事し続けなければならず、できることならばそうしたいと思っているという前提条件に立っている。プレゼンティーイズムに関する調査は、季節性アレルギー、喘息、偏頭痛やその他の頭痛、腰痛、関節痛、消化器系疾患、うつ病など、慢性的あるいは一過性の病気が対象となる」（ポール・ヘンプ著「プレゼンティーイズムの罠─体調不良がもたらす生産性の低下と損失」スコフィールド素子訳、『Harvard Business Review』2006年12月号）

【ポイント】
＊管理監督者は、従業員が持てる力を発揮できるようマネージする
＊従業員の健康に配慮し、「いつもと違う部下」に気づく
＊管理監督者は、職場の改善と日頃のコミュニケーションが職務

Q2. 職場環境の改善に向け、どのような配慮が必要ですか。

　職場環境を改善するためには、管理監督者のみならず、職場全体でいわゆるパワーハラスメントやいじめ・嫌がらせ、これらに起因する従業員のメンタルヘルス不調が発生等しないように留意することが重要となっています。厚生労働省の指針では、「職場レイアウト、作業方法、コミュニケーション、職場組織の改善等を通じた職場環境等の改善は、労働者の心の健康の保持増進に効果的である」として、さまざまな環境要因が列記されています[*4]。

　また上司の強い叱責、厳しい指導は、社会に出て間もない部下にはいじめや嫌がらせと感じられることもあります。労働衛生教育の一環として人事部等が実施する研修会では、過去の判例なども参考にして、職場環境の改善と、良好な人間関係を構築するためのコミュニケーション、メンタルヘルス対策を取り上げ、管理監督者の職務のひとつとして現場で実践していくことが重要です。

　パワーハラスメントも、人事労務管理上、解決すべき問題です。厚生労働省の「職場のいじめ・嫌がらせ問題に関する円卓会議ワーキング・グループ報告」によると、職場のパワーハラスメントとは、「同じ職場で働く者に対して、職務上の地位や人間関係などの職場内の優位性を背景に、業務の適正な範囲を超えて、精神的・身体的苦痛を与

4.「労働者の心の健康には、作業環境、作業方法、労働者の心身の疲労の回復を図るための施設及び設備等、職場生活で必要となる施設及び設備等、労働時間、仕事の量と質、セクシュアルハラスメント等職場内のハラスメントを含む職場の人間関係、職場の組織及び人事労務管理体制、職場の文化や風土等の職場環境等が影響を与えるものであり、職場レイアウト、作業方法、コミュニケーション、職場組織の改善などを通じた職場環境等の改善は、労働者の心の健康の保持増進に効果的であるとされている」(厚生労働省「労働者の心の健康の保持増進のための指針」健康保持増進のための指針公示第3号（2006年3月31日))

図表11　職場のパワーハラスメント6つの類型（厚生労働省）

1	暴行・傷害	身体的な攻撃
2	脅迫・名誉毀損・侮辱・ひどい暴言	精神的な攻撃
3	隔離・仲間はずし・無視	人間関係からの切り離し
4	業務上明らかに不要なことや遂行不可能なことの強制、仕事の妨害	過大な要求
5	業務上の合理性なく、能力や経験とかけ離れた程度の低い仕事を命じることや仕事を与えないこと	過小な要求
6	私的なことに過度に立ち入ること	個の侵害

える又は職場環境を悪化させる行為をいう」とされています。

　また、厚生労働省は図表11のとおり、パワーハラスメントの6つの類型を発表しています。人格的侵害があった場合には、不法行為として損害賠償請求にもつながりかねませんので、管理監督者に対する教育、啓発が欠かせません。セクシュアルハラスメント、性差別、マタニティハラスメント等も含めて、職場の部下が「ハラスメントを受ける」「いやな思いをする」ことがないよう、管理監督者が職場の環境改善に努めることが求められているのです。

【ポイント】
＊管理監督者と部下では価値観に違いがあることを理解する
＊「そんなつもりはなかった」は許容されない
＊職場環境の改善は、管理監督者に対する教育・啓発が不可欠

Q3. 職場環境改善に向けた従業員からの提案や要望などは、どのように受け止めたらよいでしょうか。

　従業員が快適な職場で働くことは、生産性を高める重要な条件のひとつです。たとえば冬季であれば、職場の湿度が低いので調整してほしいとの要望が従業員から出されたりします。このような場合、室内環境をインフルエンザ対策として、あるいは静電気の発生防止の問題としてとらえる必要があるかもしれません。

　職場環境については、管理職が部下から問題点を聞いて、総務部門等を通じてビルメンテナンス担当者に連絡を取り、迅速に対処することが望ましいといえます。職場環境を調整して、働きやすい職場を醸成することは、生産性のみならず、心身の健康に及ぼす影響も大きいことから、管理監督する立場の人は、職場の環境について無関心であってはなりません。職場環境の改善は生産性の向上に結びつく、という視点を持つことが大切です。

　ハーバード大学の調査では、働く人の健康問題で大きな労働損失をきたすのは、アレルギー疾患であるとされています（ポール・ヘンプ著「プレゼンティーイズムの罠─体調不良がもたらす生産性の低下と損失」スコフィールド素子訳、『Harvard Business Review』2006年12月号）。くしゃみや鼻汁などで離席して洗面所へ行くこと、その損失時間と業務の中断による集中力の低下等が、労働時間とその効率性の低下にもとづく損失として大きいとみているのです。

　このような疾患を有する従業員は実際、多いと想定されますので、その対処の方法としては、たとえば花粉症に起因するプレゼンティーイズムによる労働損失を予防するために空気清浄機を購入することも考えられます。いったん投資すれば機器は毎年使用できますので、そ

れがもたらす利益や効果は大きいかもしれません。また、購入したということ自体が従業員に対するインセンティブにもなりえます。従業員の声に耳を傾け、真摯に対応することが、生産性の向上と従業員の健康への配慮を同時に満たすきっかけともなりますので、日頃から部下とのコミュニケーションを十分に取ることが大切です。

なお、アメリカ国立労働安全衛生研究所（NIOSH）は、職場環境を通じたストレス対策のポイントとして、以下の7項目を提案しています。

・過大あるいは過小な仕事量を避け、仕事量に合わせた作業ペースの調整ができること
・労働者の社会生活に合わせた勤務形態の配慮がなされていること
・仕事の役割や責任が明確であること
・仕事や将来の昇進・昇給の機会が明確であること
・職場でよい人間関係が保たれていること
・仕事の意義が明確にされ、やる気を刺激し、労働者の技術を活用するようにデザインされること
・職場での意思決定への参加の機会があること

【ポイント】
＊働く人が長時間を過ごす職場の環境を整えることが重要
＊職場環境は、物理的因子（温度、湿度、気流など）、化学的因子（有害物質など）、心理的因子（人間関係など）が影響する
＊健康投資は、生産性の向上と従業員の健康への配慮の両者の効果を期待するものである

Q4. メンタルヘルスケアにおける「ラインによるケア」とは、どのようなものですか。

「ラインによるケア」とは、常日頃から部下の状況を把握しているのが上司であることから、「いつもと違う部下」に上司がいち早く気づき、適切な対応を講じることを意味しています。勤怠状況、職務遂行状況、言動の変化等に注意を向けていれば、「少し疲れているのではないか」などには気づくのではないでしょうか。

部下から体調不良の訴えがあるまで待つのではなく、積極的に体調を気遣い、その原因が職務によるものであるならば、本人の希望も聞きながら職務の内容、量、さらには残業等の労働時間を調整することが効果をもたらすかもしれません。すでに種々の症状が出現しているのであれば、産業保健スタッフに相談するようにすすめたり、専門医の受診を勧奨することも必要となります。生活習慣病と同じように、早期発見・早期対処が大切です。

メンタルヘルスケアにおける「ラインによるケア」の内容としては、厚生労働省の「労働者の心の健康の保持増進のための指針」に以下のように記載されています。

「管理監督者は、部下である労働者の状況を日常的に把握しており、また、個々の職場における具体的なストレス要因を把握し、その改善を図ることができる立場であることから、以下の2点が求められています。

　①職場環境等の把握と改善

　　職場環境等の評価と問題点の把握　⇒　職場環境等の改善

　②メンタルヘルス不調への気づきと対応

　　労働者による自発的な相談とセルフチェック、管理監督者による

相談対応」

　職場のメンタルヘルスケアは、基本的には、人事労務管理の問題であり、管理監督者はそのキーパーソンといえます（図表12）。職場で働く人にとっては、配置転換や人事異動等は自分の意思でできるものではありませんので、職場でメンタルヘルスにかかわる問題が発生した場合には、管理監督者が人事労務管理部門と連携を取りながら、解決にあたることになります。さらにラインによるケアにおいては管理監督者間の横の連携も必要です。また、適切な判断をするためには、管理監督者に対してメンタルヘルスにかかわる研修、教育を経営者（現実には人事担当者）が実施することも欠かせません。教育研修部門がメンタルヘルスの重要性を鑑み、管理監督者に対してメンタルヘルスに関する知識とスキルを含む研修をきちんと実施していることが前提となります。

　また、部下の状況を把握するためには、職場における部下とのコ

図表12　職場のメンタルヘルスケア

人事労務管理	対　応
健康管理	健康診断ならびに事後措置で業務による健康障害増悪回避
労働時間管理	長時間労働（量）→脳・心事故、メンタルヘルス不調
作業環境管理	職場環境の改善（労働の質）→メンタルヘルス不調
労働衛生教育	管理監督者に対する過重労働・メンタルヘルス教育
パワーハラスメント対応	管理監督者に対する教育研修の必修研修化
雇用形態と健康管理	多様な雇用形態により生じがちな健康診断の不実施や健康管理体制の不備などを回避
コンプライアンス	役員の重大な過失（会社法429条1項）、善管注意義務違反への注意喚起
快適職場と健康づくり	喫煙対策（職場環境調整配慮義務）、健康保持増進

経営者の方針や強い推進力にもとづき、健康に配慮した人事労務管理が実践できる

ミュニケーションが欠かせませんが、管理監督者はどのような点に留意したらよいのでしょうか。まずは、業務を指示するに際して、部下の能力や技術をきちんと把握していることが大切です。そのうえで、達成可能な業務を指示します（仕事の要求度）。過大でも過小でもよくありません。また、裁量権を一定の範囲で認めること（裁量度）が部下の成長を促します（Karasekの「仕事の要求度－コントロールモデル」）。仕事に行き詰まったときなどは、適切なアドバイス（支援）を与えることがきれば、業務にかかわるストレスが過剰となって健康障害を発症させてしまう、という可能性が少なくなります（Johnsonの「3次元モデル」）。

　部下にとって職務上のストレスがきわめて高くなることが予測されるのは、能力を超える業務、責任が重い業務（高い要求度・仕事の負担度）を担っているにもかかわらず裁量権を与えられず（低い裁量自由度）、上司の支援が断ち切られた場合（低い社会的支援度）です。上司が部下を適正に評価していれば、部下がこのような状況に陥ることはないでしょう。

　また、業務の結果だけで部下の能力を評価することも、部下に大きなストレスを与える可能性を否定できません。業績を最終的に上げることができたなら、その報酬として昇格昇給などの形で評価できますが、昇格昇給はすぐに実行することがむずかしい場合もあります。そのようなときは、心理的報酬で対応する方法も考えられます。いままでの苦労をねぎらう言葉をかけることで、self-esteem（自尊心）として効力を発揮します。また、業績を上げることができなかったとしても、そのプロセスにおいて能力が発揮されているようであれば、きちんと評価すべきです（Siegristの「努力－報酬不均衡モデル」）。報酬は金銭的なものには限定されませんので、管理監督者の判断で実行で

きます（非金銭的な報酬を与える）。

　ところで一般に、非言語によるコミュニケーションは、言語コミュニケーションよりその力が大きいとされていますが、職務にかかわる評価や健康問題に対しては、きちんと言葉で表現することが必要です。すなわち心の健康面の問題が発生した場合には、上司は部下に対して「Yes, and You」（そうか、君は大変な思いをしたんだね）に、業務の指示や意見を聞かれた場合には「No, and I」（いや、私はこう考えているんだ）に徹すべきです。前者は、部下の思いを否定せず傾聴姿勢を取ること、そして話し言葉の主語は常に「You」であって、自分の意見は控えることが不可欠です。後者は、管理監督者として自分自身の考え方をきちんと述べることが大切です。

　このように、管理監督者が日頃から部下とコミュニケーションをはかることで、「いつもと違う部下」をいち早く察知し、体調を気遣う言葉などを部下にかけ、産業保健スタッフと連携して、メンタルヘルス不調を未然に防止することが求められます。部下の仕事ぶりを日頃から把握し、その能力を評価し、さらに新たな職務にチャレンジしてもらうことも部下の育成においては大切であり、そのことが部下のメンタルヘルスに好ましい影響を及ぼすと考えられます。

【ポイント】
＊日頃から部下とのコミュニケーションをはかる
＊「いつもと違う部下」にいち早く気づく
＊職場の支援体制を熟知する

Q5. メンタルヘルス不調を発症した部下の復職支援は、どのように進めればよいでしょうか。

　メンタルヘルス不調を発症して休職した従業員に対する復職時の支援については、「心の健康問題により休業した労働者の職場復帰支援の手引き」（厚生労働省、2004年10月、改訂2009年3月）が発表されており、そのステップに従って円滑に復職できるよう支援することが求められています。個々の事例では、手引きに記載されている内容のようには進まないこともありますが、基本的な考え方は手引きに記載されているとおりです。

　円滑な復職支援は事業者の責務となります。また、復職支援の重要性は、再発を防止する点にあります。再発を繰り返すことで、再発率が高くなる可能性があるからです。アメリカ精神医学会では、そのマニュアルで、大うつ病性障害の再発について以下の可能性を示しています。

- ・エピソードを1回もった者が2度目のエピソードをもつ可能性 60%
- ・エピソードを2回もった者が3度目のエピソードをもつ可能性 70%
- ・エピソードを3回もった者が4度目のエピソードをもつ可能性 90%

　つまり、大うつ病は完全に治る場合が症例の約3分の2、部分的に治る、またはまったく治らない場合が症例の約3分の1の可能性があるということです（高橋三郎ほか訳『DSM-IV-TR 精神疾患の診断・統計マニュアル』〔新訂版〕、2003年）。再発を繰り返すことで、病み終えない状況に陥ってしまう可能性があるのです。

　職場復帰の支援は、従業員が一日も早く元気に職場復帰できるように支援するもので、管理監督者や同僚の協力なくしてできるものではありません。また、復職支援システムの構築は、経営者の協力がなく

てはなしえないものです。従業員のレジリエンスをさらに高める職場環境の醸成が、企業を活性化するのです。

【ポイント】
＊メンタルヘルスケアの第三次予防[*5]は円滑な復職支援と再発防止のための職場環境の醸成
＊職場復帰後は就業上の措置が必要で、主治医の意見と産業医の就業に関する意見が必要
＊復職支援システムの構築は、重要なメンタルヘルス対策のひとつ

5.メンタルヘルスケアは、メンタルヘルス不調が発生しないように予防する「一次予防」、メンタルヘルス不調を早期に気づき適切な対処を実施する「二次予防」、メンタルヘルス不調により休職した場合の円滑な復職支援と再発を防止する「三次予防」がある。

コラム
健康情報の取得・管理と個人情報保護の留意点

弁護士 石井妙子

　健康情報は個人情報に該当しますので、その取得・管理に関しては、「個人情報保護法」および「個人情報の保護に関する法律についてのガイドライン」（平成28年個人情報保護委員会）、「雇用管理分野における個人情報のうち健康情報を取り扱うに当たっての留意事項」（平成29年5月29日個情第752号基発0529号第6号、以下「通達」という）の適用があります。また、健康情報はセンシティブな情報であり、個人情報保護法上の要配慮個人情報となるのみならず、民法上のプライバシー保護の観点からの制約もありえます。

　労働者の健康情報の取得について、事業者は、法令にもとづく場合等を除き、あらかじめ本人の同意を得る必要があります。本人提出の診断書以外に、医療機関から健康情報を収集することが必要になる場合がありますが、このとき、医療機関が事業主に個人情報の提供をすることは、個人情報の第三者提供（個人情報保護法23条）に該当しますので、当該医療機関が労働者から同意を得る必要があります。また、上記通達は、事業者も、あらかじめ情報取得の目的を労働者に明らかにして承諾を得るとともに、必要に応じ、これらの情報は労働者本人から提出を受けることが望ましいとしています。

　なお、事業者が健康診断の実施を医療機関に委託した場合において、健康診断の実施に必要な個人データを医療機関に提供したり、医療機関から結果について報告を受けることは、労働安全衛生法にもとづく健康診断実施義務を遂行する行為ですから、個人情報保護法23条1項1号の「法令に基づく場合」に該当し、第三者提供に関する本人同意を得る必要はありません。しかし、ストレスチェックの結果については労働者の同意を得ないで事業者に提供してはならないとされていますので注意してください。

　また、事業者が、健康保険組合等に対して労働者の健康情報の提供を求める場合も、健康保険組合と事業主は別主体である以上、第三者提供となり、健康保険組合としては、事業主への情報提供について労働者の同意が必要と

なることに注意が必要です。ちなみに通達は、この場合も、事業者はあらかじめ目的を明らかにして労働者の承諾を得るとともに、必要に応じ、労働者本人から情報提出を受けることが望ましいとしています。ただし、事業者が健康保険組合等と共同で健康診断を実施する場合等、23条5項3号（共同利用）の要件を満たしている場合は、第三者提供に該当しないため、労働者の同意を得る必要はありません。同号が定める共同利用の要件とは、①共同利用すること、②共同利用される個人データの項目、③共同利用者の範囲、④利用する者の利用目的、⑤当該個人データの管理責任者の氏名または名称について、あらかじめ通知し、または本人が容易に知りうる状態においていることです。

次に情報の管理について通達は、①健康診断の結果のうち診断名、検査値等のいわゆる生データの取り扱いについては、その利用にあたって医学的知識にもとづく加工・判断等を要することがあり、産業医や保健師等の産業保健業務従事者に行なわせることが望ましいとしています。さらに②産業保健業務従事者以外の者に健康情報を取り扱わせるときは、当該情報が労働者の健康確保に必要な範囲内で利用されるよう、必要に応じて、産業保健業務従事者に健康情報を適切に加工させる等の措置を講ずることとしています。

その他の配慮事項として通達は、情報管理について規程を作成し、健康情報の利用目的および利用方法、安全管理体制、健康情報を取り扱う者およびその権限ならびに取り扱う健康情報の範囲、健康情報の開示、訂正、追加または削除の方法、苦情処理について定めて周知すること、その際、衛生委員会等において審議し、労働組合等に通知して必要に応じて協議を行なうことが望ましいとしています。また、苦情処理に関しては、必要に応じて産業保健業務従事者と連携をはかることができる体制を整備しておくことが望ましいとしています。

最後に、通達は、HIV感染症やB型肝炎等の職場において感染したり、蔓延したりする可能性が低い感染症に関する情報や、色覚検査等の遺伝情報については、職業上の特別な必要性がある場合を除き、事業者は労働者等から取得すべきでないとしています。これら特にセンシティブな情報については慎重な対応が必要です。

[第3の柱]
働く人が進める健康経営—自ら築く健康と体力

　労働契約の基本は、労働力の提供と報酬の支払いです。労働者が健康を害し求められる労務を提供できないなら、基本的な権利義務関係を果たすことができなくなります。労働者は、自己責任において自ら健康の保持増進に努める必要がありますが、長い職業生活においては異動、出向等、さまざまな場面に遭遇しますので、常に健康な状態を保持できるとは限りません。すぐに新しい職場環境に慣れ、人間関係を構築することがむずかしい場合もあります。そのため、アサーションなどの手法を用いるとともに、常に心の健康を自己管理し、同僚らとも支え合って心の不調に注意し、必要であれば管理監督者に相談して職場環境の改善を進めることが必要となります。

　自分自身の「健康」は、健康なときにはあまり気になりませんが、失って初めてその大切さに気づくことが多いようです。「時すでに遅し」とならないように自分自身で心身の健康のケアをすることが大切です。他人任せでは健康を得ることも改善することもできませんので、「面倒」と思われがちですが、自分自身で日々、健康づくりを実践しなければなりません。

　たとえば「歯磨き」を強制されることなく習慣的に実施している人は、健康に気遣っているという面もありますが、歯を磨かなければなんとなく気持ちが悪いと感じられることも理由としてあげられるのではないでしょうか。同様に、運動不足になると「なんだか調子が悪い」と感じるようであるなら運動する習慣は継続されることでしょう。日々の生活習慣に自然と溶け込むような健康的な習慣は、将来の健康の源泉になります。豊かな人生を送るためには、自分自身がまず健康であることが前提になるのです。

Q1. 自分自身の健康づくりに取り組むことの大切さとは、なんでしょうか。

　生きていくうえで大切なことはたくさんありますが、その大半の時間を費やす仕事も、大切なもののひとつです。日々、元気で仕事ができ、かつ働きがいのある仕事にかかわっているのであれば、仕事が生きがいのひとつにもなります。

　仕事をやり遂げるためには、健康というツールが必要です。経営者、管理監督者、働くすべての人の基盤は元気であり続けることで、健康が基礎にあってこそ、仕事もはかどります。また、自分自身の時間を有効に使うためにも、周囲の人たちとの楽しい時間を過ごすためにも健康であることが欠かせません。

　退職後に豊かなセカンドライフを送るためにも、健康はなくてはならないといえるでしょう。セカンドライフでは、在職中の健康づくりの成果が実感されることになります。在職中の健康管理や健康づくりは、将来の自分自身の健康に大きな影響を及ぼすことから、日頃の健康づくりへの取り組みが重要なのです。

　貝原益軒は『養生訓』において、「人の命は我にあり、天にあらず」と自己管理の重要性を看破しています。「自分の命は天のみぞ知る」ではないのです。増え続ける生活習慣病は「緩慢なる自殺（死）」ともいわれています。天命とは関係なく、予防を怠ると自分の命を危うくすることになりかねません。

　かけがえのない自分の命を大切にできる人は、自分以外の多くの生命をも大切にするに違いありません。将来の自分自身のためには、自分の命は自分で守ることが大切で、天だけに頼っていたり、人頼みでは、道を切り開くことはできないのです。

【ポイント】
＊仕事をするうえでの基本は、健康であること
＊健康投資（自分自身の健康に投資する）の視点を持つ
＊豊かなセカンドライフのための、健康づくり、体力づくり

Q2.「自己保健義務」とはどのようことですか。

「自分自身の健康は自分で管理する義務がある」ということです。

職場における自己保健義務とは、「事業者が実施した健康診断の結果を活用して、健康上の問題があれば、自ら生活習慣を改善し、または医療機関を受診して、就業上の問題が発生しないように取り組むこと」が、まず最初にあげられます。自分自身の健康管理が十分にできない場合には就業上、さまざまな問題が発生します。何よりも職場で体調不良となったりけがをしたりして、職務を遂行できなくなる可能性が高まります。

一般的には、健全な労務の提供とそれに見合った賃金の支払いによって労働契約が成立します。労働契約は双務有償契約であることから、お互いの信頼関係にもとづき、質の高い労働を提供し、それに見合った賃金が支払われる関係になります。

健全な労務の提供のためには、健康であることが欠かせません。その健康を維持するためには、自分自身の健康に対する投資が必要です。健康は自分自身のためだけに求められるわけではありません。職場においては、仲間とともに職務の遂行をはかることが大きな成果をもたらしますが、だれか一人が病気などによって突発的な遅刻、早退を繰り返したり、さらには休職などということになると、他の従業員のメンタルヘルスにも大きな影響を及ぼします。チームワークで職務を遂行している場合にはなおさらです。家庭においては、家族の一員として、また家族の生活を支える者として重要な役割を果たしています。

健康診断で異常を指摘されたならば、適切な対応が必要であること

はいうまでもありません。お互いの健康がお互いの健康を支えているのです。職場の健康診断を受けない、異常を放置するなどは、チームワークを継続するうえで大きな問題となりかねません。いつ発症するかもしれない健康上のリスクを抱えるからです。労働安全衛生法66条の7第2項でも、「労働者は、前条の規定により通知された健康診断の結果及び前項の規定による保健指導を利用してその健康の保持に努めるものとする」と規定しています。

　何より大切なのは、健康診断で異常所見を指摘される前に、自分自身の生活習慣を見直して、より質の高い生活を送れるようにすることです。そのためには、私たち一人ひとりが健康に費やす時間を持つこと、つまり時間投資が必要です。ぐっすり睡眠をとる時間、ゆったり食事をする時間、気分転換にスポーツをする時間、日頃の歩く時間など、自分の持てる時間を自分自身の健康に投資することで、健康レベルを上昇させることができます。健康診断で有所見（異常値であるが、受診するまでもない範囲で収まっている場合）と指摘された健診項目があるならば、生活習慣を見直して次回は正常範囲に戻したいものです。軽度の異常値は容易に改善できますが、それが悪化していくと改善にかなりの努力を要するようになるのです。

【ポイント】
＊自分自身の健康は自分で管理する
＊健康は自分のためだけに求められるわけではない
＊生活習慣を見直して、より質の高い生活をめざす

Q3. メンタルヘルスケアにおけるセルフケアでは、何をすればよいのでしょうか。

　心の健康問題を解決する方法のひとつが、自分自身で行なうケアで、これをセルフケアといいます。セルフケアについては、「心の健康づくりを推進するためには、労働者自身がストレスに気づき、これに対処するための知識、方法を身につけ、それを実施することが重要である」(「労働者の心の健康の保持増進のための指針」厚生労働省、健康保持増進のための指針公示第3号、2006年3月31日)とされています。

　ストレスのまったくない職場はありませんが、日々のストレスにいかに対処するか、ストレスを蓄積させないかは、各人のストレスに対するとらえ方によって大きく異なります。また、「スポーツ活動をしている」「休日には地域でボランティア活動をしている」「定期的に習い事をしている」など、職場と家庭以外で多くの人とコミュニケーションを取る機会があるなら、ストレス解消効果が期待できるかもしれません。

　ストレスに対するセルフケア対策としては、職場で実施されるストレスチェックの結果を活用することもありえます。自分自身がストレスに気づかずに放置すると体の症状として現われることもありますので、ストレスと心身の反応(ストレス反応としてどのような症状があるのか)などを知っておくと、対処する際の参考となります。ストレスとは何か、その本体はどのようなものか等、ストレスに関する知識を得ることで予防も可能となります。

　また、どうしても自分ひとりでは解決できない職場内での問題であるならば、自発的に同僚、管理監督者や産業保健スタッフに相談する

ことも大切です。あらかじめ職場の相談体制を知っておくことで、いつでも相談ができるようになります。筆者は「chanceにchallengeして自分自身をchangeしましょう」を合い言葉に、セルフケアを推進しています。

【ポイント】
＊趣味やスポーツができる自分の時間を持つようにする
＊気分転換の方法を学ぶ
＊職場の相談体制を活用して問題解決の糸口を探す

Q4. ストレスの気づきはどうすればよいのでしょうか。

　ストレスの原因（ストレッサー）が加わった場合に、私たちの身体にはストレス反応が起こります。ストレス反応は、身体面、行動面、心理面に表われてきます。たとえば身体面では、動悸、発汗、赤面、胃腸の症状、手の震え等、行動面ではミスの多発、回避や逃避、怒りっぽくなるなど、心理面では興奮、怒り、不安などがあります。このような状況になったときには、その原因を考えてみます。ストレッサーである原因が明らかになれば、前もって対処することも可能となります。ただし、長期にわたってストレス反応が続くと、身体面にいろいろな症状が出現してきます（心身症、ストレス関連疾患。図表13参照）。この場合には、専門医を受診することが必要です。

　もうひとつの視点に、「社会的再適応評価尺度」があります（図表14）。これは、生活上の出来事を点数化し、1年間に一定の点数に到達した場合には何らかの疾患が発生するという考え方です。あらゆる生活上の

図表13　心身症（精神身体症）にみられる症状
心身症（精神身体症）とは
「身体疾患の中で、その発症や経過に心理社会的な因子が密接に関与し、器質的ないし機能的障害が認められる病態をいう。ただし、神経症やうつ病など、他の精神障害に伴う身体症状は除外する」（日本心身医学会教育研修委員会編「心身医学の新しい診療指針」（『心身医学』1991年31巻7号））
心身症にみられる症状の例

呼吸器系：呼吸困難（過換気症候群）	整形外科領域：腰痛、肩こり
循環器系：立ちくらみ（起立性低血圧）	泌尿・生殖器系：頻尿（神経性頻尿）
消化器系：腹部膨満（空気嚥下症）	眼科領域：眼精疲労、飛蚊症
内分泌・代謝系：多飲（心因性多飲症）	耳鼻咽喉科領域：耳鳴、めまい、難聴（心因性難聴）
神経・筋肉系：頭痛、めまい	
皮膚科領域：蕁麻疹、多汗	歯科・口腔外科領域：口内乾燥、顎関節症

図表14　社会的再適応評価尺度

順位	出来事	ストレス値	順位	出来事	ストレス値
1	配偶者の死	100	11	家族の病気	44
2	離婚	73	12	妊娠	40
3	夫婦の別居	65	13	性の悩み	39
4	留置場などへの勾留	63	14	新しい家族が増える	39
5	家族の死	63	15	転職	39
6	けがや病気	53	16	経済状態の変化	38
7	結婚	50	17	親友の死	37
8	失業	47	18	職場の配置転換	36
9	夫婦の和解	45	19	夫婦げんか	35
10	退職	45	20	1万ドル以上の借金	31

生活上の出来事（ライフイベント）の回数と上記表の「ストレス値」を掛け合わせたものの合計点数が年間150～199点（37％）、200～299点（51％）、300点以上（79％）の人になんらかの疾患が発症していた
出所：T.H.Holmes, R.H.Rahe, *Journal of Psychosomatic Research*,1967;11:213-218）

出来事がストレス要因になるので対応が必要であることがわかります。

　「楽しいこと」や「うれしいこと」であっても、イベントが重なり合うと健康を害することになりえます。業務遂行において、いろいろな艱難辛苦を乗り越えて、ようやくゴールに到達できたならば、それは本来、喜ばしいことであるはずですが、心身の不調となる可能性もありうるのです。つらいこと、悲しいこと、苦しいこと、困ったこと、うれしいこと、びっくりするようなことなどを短期間でたくさん経験することも、心身の不調を招くことにつながります。日頃からストレスをため込まないように発散することが必要です。

　2015年12月からは、労働安全衛生法にもとづくストレスチェックが職場で実施されました。ストレスチェックの結果を参考にして、自分自身でストレスの気づきを得たり、職場内での問題を同僚、上司、産業保健スタッフに相談することで、ストレス解消の糸口が見つかる可能性が高くなります。セルフケアとともにストレスチェックの活用も

図表15 メンタルヘルス不調状態

自分自身で気づく変化	周囲が気づく変化
1．悩みや心配事が頭から離れない 2．仕事の能率や仕事への意欲・集中力の低下 3．考えがまとまらず、堂々めぐりし、決断できない 4．寝つきが悪く、眠りが浅い 5．適性がないので、仕事をやめたいと思う 6．他人の評価が強く気になる 7．気分が落ち込み、楽しくない 8．疲れやすく、倦怠感がある 9．その他、さまざまな身体症状（頭痛、めまい、吐き気など）が出現	1．以前と比べて表情が暗く元気がない 2．仕事の能率の低下、ミスの増加 3．欠勤、遅刻、早退の増加 4．周囲との折り合いが悪くなる 5．とりとめのない訴え（体調など）の増加 6．飲酒によるトラブル 7．他人の言動を異常に気にする 8．その他、さまざまな身体症状が増える

出所：産業医学振興財団編『職場のメンタルヘルス対策』2009年

一つの方法です。

　自分自身が気づかないストレスもありますので注意が必要です。同僚や上司から「いつもと違う」と言われるようなことがあれば、一度自分自身でも振り返ってみてください（図表15）。考え方や行動様式などがいつもと違うことを指摘されて初めて、自分でもストレスに気づくことがあります。疲労の蓄積などを感じたらならば、思い切って休養することも必要です。

【ポイント】

＊職場で決まって動悸（ストレス反応）があるなら、産業保健スタッフに相談

＊職場環境が原因と思われる体調不良やストレス反応は上司に相談する（対応してくれる上司がいることは、快適職場の条件のひとつ）

＊自分だけでは解決できないストレスは、リスク分散して和らげる

Q5. いつも忙しいので運動ができません。どうすればよいですか。

　忙しくて運動やスポーツなどはできない、という人には、日々の通勤時に歩く時間を増やすことをおすすめします。たとえば帰宅時に一駅でも歩くことから始めましょう。また、休日に軽いスポーツで少し汗をかくだけでもストレス解消効果は期待できます。

　運動やスポーツは、ストレス解消効果のみならずメンタルヘルスにおいてもその効果があります。人生で自分自身の時間をゆったり持つことは深呼吸をするのと同じ効果があり、リラクゼーションのひと時となります。

　目標は、いままでよりは一歩でも多く歩くこと、自分自身でコントロールできる時間を歩くことやスポーツの時間にあてることです。

　一方、人間は「歩く動物」であり、踵で着地し、つま先で蹴り出すという動作の繰り返しで移動します。天敵に襲われることのない人間は、日々の歩きで一定の健康を維持できるものと考えられます。もっとも、いざというときに走らなければならないこともあります。そのためには普段からのストレッチや筋トレ、有酸素運動が必要となります。いわば健康のリスクマネジメントです。セカンドライフを豊かに暮らすためにも自分自身を支えるだけの筋力がなければどうすることもできません。活動的な日々を送るためには、その備えとなる全身持久力、筋力、柔軟性などの体力が必要です。

　「運動する時間がないと言う人は、やがて病気のために時間を失うことになる」とエドワード・スタンレー（イギリスの貴族。15代伯爵、1826〜1893年）も述べています（A.リーフ著『世界の長寿村―百歳の医学』香川靖雄・鈴木伝次訳、1976年）。より高いレベルの健康

を得るためには、私たち自身が「時間投資」をしなければなりません。また経営者や管理監督者も従業員も、それぞれ大切な時間を未来の「企業の健康」や「自分自身、あるいは人材の健康」に費やさなければならないのです。

　また、テクノストレスを「人間とコンピュータの微妙な関係が崩れたときに生じる病気」と定義したクレイグ・ブロードは、その対処法として「コンピュータの生命はスピードである。その操作にあたっては、さまざまなことがものすごいスピードで起こるので、時間が短く感じられる。そこには絶えまない精神活動の流れだけがあり、それは身体運動によって薄められることもない」として、身体的活動をすすめています（クレイグ・ブロード著『テクノストレス』池央耿・高見浩訳、1984年）。

【ポイント】
＊ノー残業デイには、帰りに一駅分を歩いて帰る
＊少し汗をかくような活動的な生活で心の爽快感を得る
＊多くの人とスポーツ活動をすることは心の健康にプラスとなる

コラム

国民の健康寿命延伸に向けた健康経営の促進施策

経済産業省商務情報政策局ヘルスケア産業課長　**江崎禎英**

　経済が豊かになり、だれもが健康で長生きすることを望めば、社会は必然的に高齢化します。わが国の高齢化率はすでに世界最高水準に達していますが、同時に世界に冠たる健康長寿国でもあります。今後さらに高齢化が進む中で、理想の高齢社会を実現していくためには、個々人がいわゆる「生産年齢」の段階から健康を維持・管理し、高齢期も健康で社会にかかわり続ける「生涯現役社会」を構築することが重要です。このためには、健康の問題を単に個人の努力に委ねるのではなく、健康管理を促す仕組みを企業活動や経済活動に組み込んでいく必要があります。

　こうした観点から、政府では「次世代ヘルスケア産業協議会」を立ち上げ、従業員の健康維持のための取り組みを促す方策を検討するなど、企業における「健康経営」を推進しています。健康経営とは、「企業が従業員の健康管理を経営的視点から考え戦略的に実践すること」であり、人材（人財）投資のひとつといえます。また、健康経営に取り組むことは、労働生産性や企業イメージの向上等を通じた業績の向上といった好循環を生み出すとともに、優秀な人材の確保につながることも期待されます。

　健康経営を推し進めるうえで鍵となるのは、「経営トップの認識」です。経営者が、「従業員の健康は経営に直結する重要な課題である」と認識し、具体的な取り組みにつなげていくことが重要です。健康経営は企業経営にとってさまざまなプラス効果をもたらしますが、従業員の健康管理に対する投資のリターンは中長期的なものであり、経営者自身がその投資効果を実感することは容易ではありません。そのため、経済産業省としても、2014年10月に「企業の「健康投資」ガイドブック」を策定し、健康経営への理解を促すとともに、経営上のメリットを生み出すように、さまざまな施策を実行しています。2015年3月に、東京証券取引所と連携して実施した「健康経営銘柄」の選定もそのひとつです。

健康経営銘柄は、東京証券取引所の上場会社の中から「健康経営」に優れた企業を選定し、長期的な視点からの企業価値の向上を重視する投資家にとって魅力ある企業として紹介するものです。「健康経営」という視点から資本市場が企業を評価する仕組みを通じて、企業による「健康経営」の取り組みを促進することをめざしています。

　第一回目となる2015年は、「経営理念」「組織体制」「制度・施策実行」「評価・改善」「法令遵守・リスクマネジメント」の5つの柱で評価し、22社を選定しました。

　この取り組みに対する反響は予想以上に大きく、有価証券報告書やCSR報告書に記載するなど、投資家への新たな企業PRの手法となったほか、リクルート市場（人材獲得）において、従業員を大切にするいわゆるホワイト企業として注目を集めています。

　また、選定企業を各業種一社に限ったことで、業種内の競争意識を誘発し、選定されなかった企業における取り組みが進んだほか、民間独自の取り組みが始まるなど、副次的な効果も相まって、健康経営に係る動きは加速しています。

　銘柄の選定に加え、アンケートに回答いただいた全企業に対して、評価結果のサマリーを送付し、業種平均や高評価を得ている取り組み等と比較し、自社の優れている点や、どのような点を改善すべきかを明示し、さらなる健康経営への取り組みに役立てていただいております。

　健康経営を戦略的・効果的に進めるためには、データの利活用が不可欠であり、厚生労働省が進めるデータヘルス計画も重要です。平成26（2014）年3月の保健事業指針の一部改正により、すべての健康保険組合は、健康・医療情報を活用してPDCAサイクルに沿った効果的かつ効率的な保健事業の実施をはかるため、データヘルス計画を策定することとなりました。今後、事業者と保険者が連携（コラボヘルス）し、このデータヘルス計画を活用した

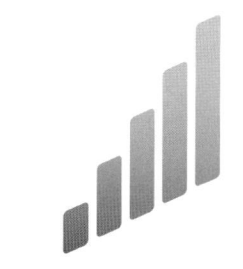

PDCAサイクルを回していくことが期待されます。

　このように大企業での健康経営の取り組みが進む一方で、従業員とその家族を含め、約3500万人の健康管理を支える中小企業に対して健康経営を普及させていくことが今後の課題です。一人の従業員が与える企業業績への影響は、むしろ中小企業のほうが大きいと考えられるものの、健康経営を行なう意義や具体的取り組みについての理解が進んでいないのが実情です。

　そこで今後は、中小企業における優良事例の収集を行ない、健康経営のメリットやノウハウを記した「健康経営ハンドブック」を策定し、理解の促進をはかってまいります。また、東京商工会議所と連携し、健康経営に関する専門的知識の普及を担う「健康経営アドバイザー」の資格制度を創設するとともに、健康経営に取り組む企業へのインセンティブとして、労働市場や金融市場からの支援策も検討します。

　こうした取り組みにより、企業のみなさまとともに世界が羨む健康長寿社会を実現していきたいと考えています。

3．参考資料

1．健康経営評価指標（全体像）

　健康経営研究会が設立当初に評価指標として作成した6つの軸（各10項目、計60項目からなる）を基本として、社会の変化に対応した新たな指標について検討しています。経営・ガバナンス、健康マネジメント、健康パフォーマンスの3つの大項目のもと、12の中項目（経営・ガバナンス4項目、健康マネジメント5項目、健康パフォーマンス3項目）に分類され、それぞれを評価することになります。従業員がどのように評価しているのかもヒアリングし、両者の評価をもって最終の健康経営評価とします。

健康経営評価指標

Ⅰ　経営・ガバナンス	
コーポレート・ガバナンス：健康経営に関する企業経営の仕組みが確立されているか	
コンプライアンス：健康管理に関する法令・ルールは遵守されているか	
リスクマネジメント：健康リスク発生を防止・最小化する管理がなされているか	
情報開示：健康経営の取り組み・成果について適切に情報開示しているか	
Ⅱ　健康マネジメント	
現状把握・計画設定：健康状態を把握・分析し、適切な計画目標が設定されているか	
実行推進：取り組みが具体的で、継続して行なわれているか	
パートナーシップ：社内外関係者と良好な関係性を築いているか	
従業員教育：従業員に適切かつ十分な健康教育を行なっているか	
企業価値創造：ブランド力向上、企業価値の創造につなげているか	
Ⅲ　健康パフォーマンス	
生産性・ES向上：生産性向上や従業員の満足度向上につながっているか	
成果（健康度向上）：各取り組みが健康度向上につながっているか	
医療費の抑制：医療費の抑制につながっているか	

出所：高橋千枝子著「健康経営とCSV」（『CSV経営による市場創造』三菱UFJリサーチ＆コンサルティング、2015年）

２．健康づくり自己点検表

　中央労働災害防止協会が作成した職場の健康づくりのための自己点検表は、施策と体制の２つの領域で構成されています。

　施策は、企業が健康管理を進めていくうえでの骨組みとなるもので、しっかりとしたものであることが求められます。また、その施策を着実にしかも効果的に実施するのが体制です。施策は経営者の強い推進力、体制は管理監督者が現場で健康づくりを実践する強い土台となるものです。これらがそろって初めて効果が期待されることになります。

　施策の基盤は法令遵守であり、そのうえにリスク対応が積み上がっています。体制についても法で定められた産業医、衛生管理者等の選任から、経営トップの理解まで５段階に積み上げています。また、経営者自身の健康習慣がその事業場の健康づくり施策と関係があることから、事業者の健康習慣もまた事業場の健康づくりの点検項目として取り上げています。

健康づくり自己点検表

施策

健康状況確認	事後措置	労働衛生教育	ストレス対策	実践的取り組み
総合的進捗状況チェック（健康測定）	専門スタッフによる総合的な指導	ライフプランに関する講習会等	「心の問題」についての相談室、専門機関	専門スタッフのもと健康・体力づくり等の実施
運動機能検査	生活状況調査結果による指導	個人的に相談できる窓口の設置	管理者へのストレスマネジメント研修	運動実践や食生活改善などの習慣化支援
生活状況調査	生活習慣改善指導	口腔保健等の健康教育	ストレス解消法の指導・実施	職場内で文化活動や体育活動ができる施設の確保
法定外健康診断	有所見者に対する指導	一般的な労働衛生教育、健康づくり講習会	メンタルヘルスに関する情報提供	文化活動や体育活動
定期健康診断	健康診断結果の全項目通知	法定労働衛生教育	従業員とのコミュニケーション	職場で分煙・口腔保健等の保健活動

体制

健康づくりの企画	健康管理体制	担当者	事業者健康習慣
評価にもとづく健康づくりの企画	組織目標のなかに健康保持増進を明示	経営トップの健康づくりへの参画	日常生活における運動習慣
中長期計画にもとづく健康づくり活動	健康づくり推進委員会等の設置	運動指導担当者等のスタッフ活用	喫煙習慣がないか禁煙
健康づくりの目的や目標の設置	衛生委員会、安全衛生委員会の設置	保健師、看護師等の活用	健康を考えた食生活
健康づくりを目的とした行事	委員会の自主的サークル活動支援	産業医、衛生管理者・衛生推進者選任	健康への気配り
体育・文化行事	健康づくり担当部署	健康管理担当者の配置	定期的な健康診断の受診

出所：中央労働災害防止協会編、労働省労働衛生課監修『職場ですすめる健康づくりマニュアル』1998年

3.「企業の「健康投資」ガイドブック」

経済産業省では、企業向けの健康投資のガイドブックを公表しています。参考として、以下にその一部を抜粋します。

企業の「健康投資」ガイドブック―連携・協働による健康づくりのススメ

(2) 健康投資とは

　社会環境の変化に伴い、企業は健康保険組合等と連携し、従業員の健康保持・増進に主体的に関与することが必要になってきている。

　企業にとって、従業員の健康保持・増進を行うことは、医療費の適正化や生産性の向上、さらには企業イメージの向上等につながることであり、そうした取り組みに必要な経費は単なる「コスト」ではなく、将来に向けた「投資」であるととらえることも可能である。これが「健康投資」の基本的な考え方である。

　一方、「健康投資」と似た概念として「健康経営」がある。健康経営とは「経営者が従業員とコミュニケーションを密に図り、従業員の健康に配慮した企業を戦略的に創造することによって、組織の健康と健全な経営を維持していくこと」(特定非営利活動法人健康経営研究会) とされている。

　また、株式会社日本政策投資銀行の定義では、「従業員の健康増進を重視し、健康管理を経営課題として捉え、その実践を図ることで従業員の健康の維持・増進と会社の生産性向上を目指す経営手法」となっている。

　いずれも企業が主体となって、従業員の健康増進・疾病予防に資する取り組みを行うという点が共通している。

2．健康投資のメリット

　長期的なビジョンに基づき、従業員の健康を経営課題としてとらえて健康経営に取り組むということは、前述の通り、従業員の健康保持・増進、生産性の向上、企業イメージの向上等につながるものであり、ひいては組織の活性化、企業業績等の向上にも寄与するものと考えられる (図表)。実際、いくつかの先行事例では、健

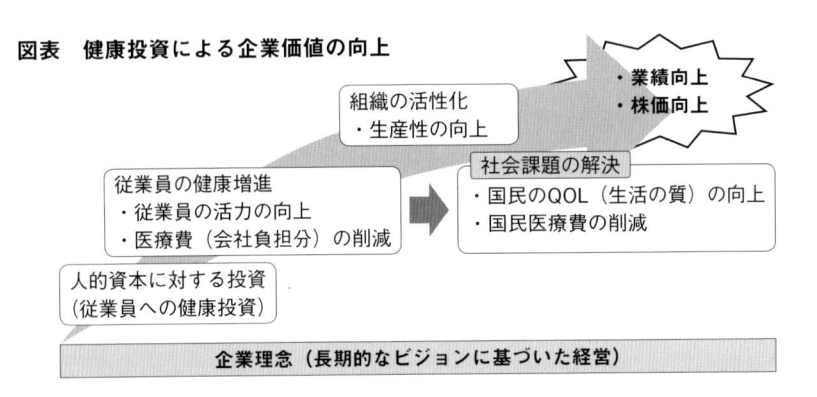

図表　健康投資による企業価値の向上

- 業績向上
- 株価向上

組織の活性化
・生産性の向上

社会課題の解決
・国民のQOL (生活の質) の向上
・国民医療費の削減

従業員の健康増進
・従業員の活力の向上
・医療費 (会社負担分) の削減

人的資本に対する投資
(従業員への健康投資)

企業理念 (長期的なビジョンに基づいた経営)

康投資による効果が定量的に示されている。また、健康投資と企業業績との相関を示すデータも存在する。例えば、厚生労働省が行う健康寿命を延ばそう！アワードの受賞企業や株式会社日本政策投資銀行の「健康経営格付」を取得した企業について、TOPIXとの比較において、株価が優位に推移しており、市場から高く評価されていることがうかがえる。また、米国において、職場における健康と安全性に対する取り組みが高く評価された企業群は、市場においても高く評価されている。

従業員の健康と安全に注力することが、市場における競争力の優位性を保つことになっていると考えられる。

第二部　健康投資をはじめよう

1．健康経営の理念・方針と組織づくり

(1) 理念・方針の設定

従業員の健康を経営課題としてとらえて健康経営に取り組むためには、経営理念として、健康経営を位置づけ、企業として健康経営に取り組むというメッセージをだすことが重要である。

次に、設定した経営理念に基づいて、具体的に何をどのように実践していくのか、方針を立てて、社内に示す必要がある。

(2) 組織体制づくり

理念に基づいた方針の実践にあたり、従業員の健康保持・増進を担う組織体制を構築することが重要である。

組織の構築にあたっては、方針に応じて、専門部署の設置や人事部など既存の部署に専任職員、兼任職員を置くなどの対応が考えられる。また、取組の効果を高めるため、従業員の健康保持・増進を担当する職員について、専門資格を持つ職員を配置する、担当する職員に対しての研修の実施などをすることも重要である。

健康投資に関する取組を全社的なものとするためには、企業経営者の関与があることが重要である。そのため、従業員の健康保持・増進の取組に関する業務報告について、企画立案の段階から企業経営者への報告事項とすることが重要である。

2．健康経営を実践する

従業員の健康保持・増進の取り組みを行う主体としては、事業主（企業経営者や人事部署）、産業医や保健師等の産業保健スタッフ、健康保険組合、労働組合、従業員等が考えられる。企業では正規雇用の従業員の他、非正規雇用の従業員など、就労環境や福利厚生、医療保険などの就業条件が違う人たちが働いているが、これらの人たちの健康保持・増進を総合的に推進するためには、事業主の役割が重要である。

事業主のリーダーシップのもと、人事部署、産業保健スタッフ、健康保険組合等が連携して、従業員の健康保持・増進に関する自社の取組や健康保険組合等の取組などの全体を把握した上で、取組の重複や不足などを整理・検討し、それぞれの役割に応じた取組を行うことで、事業の効率化を図ることが可能となる。

また、健康経営の取組を促進するにあたっては、「健康経営の理念・方針の明確化」、「従業員に向けた健康経営のメッセージ発信」、「投資家等に向けた健康経営のメッセージ発信」、「保険者の取組支援」などの取組を行うことが重要である。

(1) 従業員の健康状態を把握する
①どんなデータが利用できるか
　従業員の健康状態について、企業や健康保険組合は既にデータを持っている。例えば、企業は、定期健康診断の結果に加え、長時間労働の状況等に関する情報を保有している。また、保険者は、従業員の特定健康診査の結果や治療・処方箋に関するレセプト情報等を保有している。企業や健康保険組合は、こうしたデータを分析することで、従業員の健康状態を把握することが可能である。
　そのほか、独自に従業員の日常的な健康や身体活動に関するデータを蓄積して、健康づくりに生かす企業も出てきている。例えば、従業員に歩数計を配布し、日頃の活動量の把握や、血圧計や体組成計によるバイタルデータの蓄積も進んでいる。

②自社の健康課題は何か
　企業や健康保険組合等の持つデータを分析することで、従業員の健康課題が浮かび上がってくる。データ分析結果から、従業員の健康課題は何であるかを検討可能である。
　例えば、特定の部署に健康状態の悪い従業員が集中している場合、職場環境が個人の健康状態を悪化させ、それにより職場全体の生産性を低下させている可能性がある。
　職場の年齢構成に照らして自社の従業員の肥満割合が高い場合、将来的に、多くの従業員が糖尿病等に罹患し医療費負担や通院時間を要する可能性がある。

(2) 健康づくり計画を立てる
　自社の健康課題に対応した保健事業を計画するとともに、取組成果の評価と計画の改善を効果的に行うことができるように、あらかじめ評価指標を設定する。
　計画立案に際しては、企業が健康保持・増進の取組の全体を俯瞰して、どの主体も取り組んでいない課題がある場合は、企業が率先して実施できる内容を整理し、必要に応じて健康保険組合などに実施の依頼をすることも考えられる。また、健康保険組合や企業内スタッフでの対応が難しい部分については、外部の事業者を積極的に活用することも考えられる。
　外部の事業者を活用する場合においても、従業員の健康情報は就業上の不利益につながる可能性があることから、企業と保険者が保有する従業員の健康情報をやり取りするに当たっては、利用目的の達成に必要な範囲に限定されるよう、健康情報を必要に応じて適切に加工したうえで提供する等の措置を講じる等、十分に注意して取り扱う必要がある。

(3) 社員に働きかける
　事業主は従業員の健康づくりについて、必要に応じて職場環境の改善を図る必要がある。
　例えば、職場の禁煙ルールの明確化や社内食堂の整備をし、職場環境の改善を図ったり、長時間労働の抑制や、職員の休暇取得の促進など、働き方への配慮を行うなどが考えられる。
　また、従業員個人の生活習慣に問題があれば、生活習慣改善のモチベーションを向上させる取組や行動変容を促進する取組を実施することが必要である。
　例えば、健康診断の結果、生活習慣病のハイリスク群であると認められる従業員

に対し、定期的に電話や面談等による保健指導を行い、生活習慣の改善を促すことや、健康に関する情報提供や運動機会の提供といった取組を通じて従業員全般の意識向上を図ることなどが考えられる。

(4) 健康保険組合等との適切な連携（コラボヘルス）について

健康投資をより効果的・効率的に実施するため、データヘルス計画の策定・実施において、企業と健康保険組合等とが適切に連携していくことが重要である。

その場合、企業と健康保険組合等では取組の目的や優先順位が違うことを踏まえること、また企業、健康保険組合等、従業員等などそれぞれの役割や現状のそれぞれの取組状況などを整理することが重要である。

なお、企業と健康保険組合等との間における従業員の健康情報の取扱いについては、平成26年3月31日に出された「健康寿命延伸産業分野における新事業活動のガイドライン」により、次の場合等について、適法となる例として示された。

- 保険者が、レセプトデータやその分析結果を、オプトアウト又は本人の同意を取った上で、保健事業に必要な最低限の情報（医療機関への受診の有無など）に限り、企業等に提供する場合。
- 企業等が、労働安全衛生法に基づく一般健康診断結果のうち特定健康診査項目に係るデータやその分析結果を、保険者からの求めに応じて、本人の同意を得ずに、保険者に提供する場合。
- 企業等が、労働安全衛生法に基づく一般健康診断結果のうち特定健康診査項目に係るデータ以外の健診データやその分析結果を、オプトアウト又は本人の同意を取った上で、保険者に提供する場合。

なお、従業員の健康情報は就業上の不利益につながる可能性があることから、オプトアウトによる場合であっても注意して取り扱う必要がある。例えば、平成16年12月27日に厚生労働省より出されている「健康保険組合等における個人情報の適切な取扱いのためのガイドライン」において、健康保険組合等は、「職場の上司等から、社員の傷病名等に関する問い合わせがあった場合など、本人の同意を得ずに傷病名等を回答してはならない。」とされている。

3．取組を評価する

取組の効果を検証する際、現状の取組の評価を、次の取組に生かせるよう、PDCAがしっかりと機能するような体制を構築・維持することが重要である。

取組の評価にあたっては、プロセス・マネジメント評価指標（生活習慣病予防の取組状況、従業員等に対する情報提供など）、アウトプット評価指標（健康診断の受診率、健康診断後の受療率など）、アウトカム評価指標（医療費、メタボ改善率など）による評価を行うことが重要である。

また、従業員の健康づくりは、短期間で結果が出ない場合も多く、継続して取り組む必要がある。

第三部　我が社の健康経営チェック

現状の把握と健康投資計画の策定の参考としていただくため、第二部で記載した内容の要点を「健康経営チェックリスト」として以下に示す。

健康経営チェックリスト

大項目	中項目	小項目	チェック
健康経営の理念・方針と組織づくり	理念・方針の設定	健康経営を経営理念に位置づける	
		健康経営を経営方針に位置づける	
		経営方針を社内に示す	
	組織体制づくり	従業員の健康保持・増進を担当する部署の設置や職員の配置を行う	
		専門資格を持つ職員を配置するとともに、その能力向上を図る	
		従業員の健康保持・増進に関する業務報告を経営者に対する報告事項とする	
健康経営を実践する	従業員の健康状態を把握する	保有する健康情報を分析する	
		分析結果から、自社の健康課題を検討する	
	健康づくり計画を立てる	課題に応じた保健事業を計画する	
		評価指標を設定する	
		健康保持・増進の取組の全体を俯瞰し、企業として実施できる内容を整理する	
		健康保険組合や企業内スタッフでは対応が難しい部分については、外部事業者を活用する	
	社員に働きかける	職場の環境改善を図る	
		生活習慣改善のモチベーションを向上させる取組や行動変容を促進する取組を実施する	
		健康保険組合や企業内スタッフでは対応が難しい部分については、外部事業者を活用する	
	健康保険組合等との適切な連携（コラボヘルス）について	健保等が行う「データヘルス計画」の策定、実施において適切に連携する	
		企業、健保等、従業員等などのそれぞれの役割や現状の取組状況を整理する	
		従業員の健康情報を適切に取り扱う	
取組を評価する		PDCAが機能する体制を構築、維持する	
		プロセス・マネジメント評価指標、アウトプット評価指標、アウトカム評価指標によって評価をする	
		継続的に従業員の健康保持・増進に取り組む	

出所：http://www.meti.go.jp/committee/kenkyukai/shoujo/jisedai_healthcare/kenkou_toushi_wg/pdf/004_04_02.pdf

岡田邦夫（おかだ・くにお）
大阪市立大学大学院医学研究科修了。大阪ガス本社産業医、健康開発センター健康管理医長を経て同社統括産業医。現在、特定非営利活動法人健康経営研究会理事長。2014年よりプール学院大学教育学部教授、同健康・スポーツ科学センター長。平成26年度厚生労働省「ストレスチェック制度に関わる情報管理及び不利益取扱い等に関する検討会」委員。著書『健康経営のすすめ』（共著）、『安全配慮義務―過労死・メンタルヘルス不調を中心に』ほか。

「健康経営」推進ガイドブック

著者◆
岡田邦夫

発行◆平成27年９月20日　第１刷
　　　平成30年５月10日　第２刷

発行者◆
讃井暢子

発行所◆
経団連出版
〒100-8187　東京都千代田区大手町1-3-2
経団連事業サービス
電話◆［編集］03-6741-0045　［販売］03-6741-0043

印刷所◆そうめいコミュニケーションプリンティング

©Okada Kunio 2015, Printed in JAPAN
ISBN978-4-8185-1506-2 C2034